ROMANS

COLLECTION HETZEL.

BLACK

par

ALEX. DUMAS.

I

BRUXELLES,
MELINE, CANS ET COMPAGNIE,
Boulevard de Waterloo 53.
1858

VOYAGES

HISTOIRE

POESIES

BLACK

BRUXELLES. — TYP. DE J. VANBUGGENHOUDT,
Rue de Schaerbeek, 12.

COLLECTION HETZEL.

BLACK

PAR

ALEXANDRE DUMAS.

I

Édition autorisée pour la Belgique et l'étranger,
interdite pour la France.

COLLECTION HETZEL

BRUXELLES,

MELINE, CANS ET COMPAGNIE,

Boulevard de Waterloo, 35.

1858

I

M. le chevalier de la Graverie en était à son second tour de ville.

Peut-être serait-il plus logique d'entrer en matière en apprenant au lecteur ce que c'était que
M. le chevalier de la Graverie, et dans lequel des
quatre-vingt-six départements de la France était
située la ville dont il longeait l'enceinte.

Mais nous avons résolu, dans un moment d'hu-
mour qui nous a probablement été inspiré par le
brouillard que nous avons respiré dernièrement

en Angleterre, de faire un roman complétement neuf : c'est-à-dire de le faire à l'envers des autres romans.

Voilà pourquoi, au lieu de commencer par le commencement, comme on a fait jusqu'à présent, nous le commencerons par la fin, certain que l'exemple sera imité, et que, d'ici à quelque temps, on ne commencera plus les romans que par la fin.

D'ailleurs, il y a encore un autre motif qui nous détermine à adopter cette façon de procéder.

Nous craignons que l'aridité des détails biographiques ne rebute le lecteur et ne lui fasse fermer le livre à la fin du premier feuillet.

Nous nous contenterons donc de lui dire pour le moment, et cela, parce que nous ne pouvons pas le lui cacher, que la scène se passe, vers 1842, à Chartres en Beauce, sur la promenade ombragée d'ormes qui serpente autour des vieilles fortifications de l'antique capitale des Carnutes, promenade qui est à la fois les Champs-Élysées et la petite Provence de toutes les générations de Chartrains qui se sont succédé depuis deux cents ans.

Puis, ayant posé nos réserves à l'endroit de l'individualité rétrospective de notre héros, ou plutôt de l'un de nos héros, afin que le lecteur ne nous accuse pas de lui avoir ménagé un coup de Jarnac, nous continuons.

Le chevalier de la Graverie en était donc à son second tour de ville.

Il arrivait à cette partie du boulevard qui domine le quartier de la cavalerie et d'où l'œil embrasse dans tous leurs détails les vastes cours de cette caserne.

Le chevalier s'arrêta.

C'était sa halte.

Tous les jours, le chevalier de la Graverie, qui sortait de chez lui à midi précis, après avoir pris son café pur et avoir mis trois ou quatre morceaux de sucre dans la poche de derrière de son habit, pour grignoter chemin faisant, ralentissait ou précipitait la seconde partie de sa promenade, de façon à se trouver au même endroit, c'est-à-dire à celui que nous venons d'indiquer, au moment précis où la trompette appelait les cavaliers au pansage de leurs chevaux.

Ce n'est point que rien au monde, à part le ruban rouge qu'il portait à son habit, indiquât, dans le chevalier de la Graverie, une tendance vers les exercices militaires; il s'en fallait du tout au tout : le chevalier de la Graverie était, au contraire, ce que l'on peut imaginer de plus bonhomme.

Mais il aimait à voir ce tableau pittoresque et mouvementé qui le ramenait au temps où lui-même —nous dirons plus tard dans quelles circonstances

— avait été mousquetaire; ce dont il était très-fier depuis qu'il ne l'était plus.

Car, sans chercher, ostensiblement du moins, dans les souvenirs d'une autre époque, ses consolations du présent, tout en portant philosophiquement des cheveux qui avaient passé du jaune tendre au gris-perle; tout en paraissant aussi satisfait de son enveloppe qu'une chrysalide peut l'être de la sienne; tout en ne voltigeant pas sur les ailes de papillon d'un ci-devant jeune homme, le chevalier de la Graverie n'était point fâché de se poser en connaisseur aux yeux des pacifiques bourgeois qui, comme lui, venaient chercher leur distraction quotidienne en face des écuries du quartier, et de faire dire à ses voisins :

— Savez-vous que, vous aussi, chevalier, vous avez dû être un joli officier dans votre temps ?

Supposition qui était d'autant plus agréable au chevalier de la Graverie, qu'elle était complétement dénuée de fondement.

L'égalité des rides, qui ne fait que préluder, chez les hommes, à la grande égalité de la mort, est la consolation de ceux qui ont à se plaindre de la nature.

Or, le chevalier de la Graverie n'avait point à s'en louer, de cette capricieuse nature, nourrice débonnaire des uns, marâtre capricieuse des autres.

Et c'est ici le moment, je crois, de dire ce qu'était physiquement le chevalier de la Graverie ; le moral se développera plus tard.

C'était un petit homme, de quarante-sept à quarante-huit ans, grassouillet à la manière des femmes et des eunuques, lequel avait eu, comme nous l'avons dit, des cheveux jaunes, qui, dans ses signalements, étaient généralement portés comme cheveux blonds ; qui avait encore de grands yeux bleu-faïence dont l'expression habituelle était l'inquiétude, quand la rêverie — car le chevalier rêvait quelquefois — ne leur donnait pas une fixité morne ; de grandes oreilles sans ourlets, molles et branlantes ; des lèvres grosses et sensuelles, dont l'inférieure pendait légèrement à la manière autrichienne ; enfin, un teint rougeaud par places, presque blafard là où il n'était pas rouge.

Cette première partie de son corps était supportée par un cou gros et court, sortant d'un torse qui s'était porté tout entier vers l'abdomen, au détriment de bras étriqués et manquant de longueur.

Enfin, ce torse se mouvait à l'aide de petites jambes rondes comme des saucissons, et légèrement cagneuses du genou.

L'ensemble était vêtu au moment où nous le présentons au lecteur : la tête, d'un chapeau noir à larges bords et à forme basse; le cou, d'une cravate de fine batiste brodée; le torse, d'un gilet de piqué blanc, recouvert d'un habit bleu à boutons d'or; enfin, la partie inférieure du corps, d'un pantalon de nankin, un peu court, serré au genou et à la cheville, laissant à découvert des bas de coton mouchetés qui se perdaient dans des escarpins à gros rubans.

Tel qu'il était, nous l'avons dit, le chevalier de la Graverie avait fait du pansage l'incident récréatif de la course qu'il accomplissait tous les jours avec la sollicitude religieuse que, arrivés à un certain âge, les caractères méthodiques mettent à accomplir une prescription médicale.

Il le gardait pour la bonne bouche; il en était friand comme un gastronome est friand d'un plat d'entremets.

Arrivé en face d'un banc de bois placé au bord du talus qui descend aux écuries, M. de la Graverie s'arrêta et regarda si la scène allait bientôt commencer; puis il s'assit méthodiquement, comme un vieil habitué se fût assis à l'orchestre de la Comédie française, attendant, le menton appuyé sur ses deux mains et les deux mains appuyées sur sa canne à pomme d'or, que le son de la trompette remplaçât les trois coups du régisseur.

Et vraiment, ce jour-là, l'intéressant spectacle

du pansage en eût arrêté et captivé beaucoup
d'autres, moins curieux et plus blasés que notre
chevalier ; non pas que l'opération quotidienne eût
en elle-même quelque chose d'insolite et d'inac-
coutumé : non, c'étaient bien les mêmes chevaux
bais, alezans, rouans, noirs, gris, blancs, tigrés,
pies, hennissant ou frémissant sous la brosse et
l'étrille ; c'étaient bien les mêmes cavaliers en
sabots et en pantalon de treillis, les mêmes sous-
lieutenants ennuyés, le même adjudant-major grave
et compassé, guettant une infraction aux régle-
ments comme le chat guette la souris, ou comme
le pion les écoliers.

Mais, le jour où nous rencontrons le chevalier
de la Graverie, un beau soleil d'automne reluisait
sur cette masse grouillante de bipèdes et de qua-
drupèdes, et triplait la valeur de l'ensemble et des
détails.

Jamais les croupes des chevaux n'avaient été si
miroitantes, jamais les casques n'avaient renvoyé
tant de feux, jamais les sabres n'avaient fait jaillir
tant d'éclairs, jamais les physionomies n'avaient
été si accentuées, jamais, enfin, le cadre n'avait
été si splendide !

Les deux majestueuses flèches qui dominent
l'immense cathédrale s'enflammaient sous un chaud
rayon que l'on eût cru emprunté au ciel d'Italie ;

les moindres détails de leurs fines dentelures s'ac-
cusaient par la vigueur des ombres, et les feuilles
des arbres qui bordent la rivière d'Eure se
nuançaient de mille teintes de vert, de pourpre
et d'or !

Bien que le chevalier n'appartînt aucunement à
l'école romantique, qu'il n'eût jamais eu l'idée de
lire les *Méditations poétiques* de Lamartine ou les
Feuilles d'automne de Victor Hugo, ce soleil, ce
mouvement, ce bruit, cette majesté du paysage
le fascinèrent, et, comme tous les esprits pares-
seux, au lieu de dominer la scène et de rêver à sa
volonté en dirigeant sa rêverie par la route qui
pouvait lui être le plus agréable, il fut bientôt absorbé par elle et tomba dans cet affaissement in-
tellectuel, pendant lequel la pensée semble quitter
le cerveau et l'âme le corps, où l'on regarde sans
voir, où l'on écoute sans entendre et où la foule
des songes, se succédant les uns aux autres comme
les facettes coloriées du kaléidoscope, — et cela,
sans que le songeur ait la force d'accrocher un
de ses rêves au passage et de s'y arrêter, — finit
par produire une ivresse qui rappelle de loin
celle des fumeurs d'opium et des mangeurs de
hachich !

Il y avait quelques minutes que le chevalier de
la Graverie se laissait envahir par cette somno-

lence, lorsqu'il fut ramené au sentiment de la vie réelle par une sensation des plus positives.

Il lui sembla qu'une main audacieuse cherchait furtivement à se glisser dans la poche gauche de sa redingote.

Le chevalier de la Graverie se retourna brusquement, et, à sa grande surprise, au lieu de la face patibulaire d'un tirelaine ou d'un vide-gousset, il aperçut la physionomie honnête et placide d'un chien qui, sans être le moins du monde embarrassé de la circonstance du flagrant délit, continuait de convoiter la poche du chevalier, en agitant doucement sa queue et en se léchant amoureusement les babines.

L'animal qui venait d'arracher si inopinément le chevalier à sa rêverie, appartenait à cette grande race d'épagneuls qui nous sont venus d'Écosse en même temps que les secours que Jacques Ier envoya à son cousin Charles VII. Il était noir — nous parlons de l'épagneul, bien entendu — avec une raie blanche qui, commençant à la gorge, lui traversait, en s'élargissant, le poitrail, et, descendant entre ses pattes de devant, lui formait une espèce de jabot ; sa queue était longue et ondoyante ; son poil soyeux avait des reflets métalliques ; ses oreilles, fines, longues et placées bas, encadraient des yeux intelligents, presque humains, entre les-

quels s'allongeait un museau légèrement teinté de
feu à son extrémité.

Pour tout le monde, c'était un magnifique animal
qui valait grandement la peine d'être admiré ; mais
le chevalier de la Graverie, qui se piquait d'indifférence à l'endroit de toutes les bêtes en général, et
des chiens en particulier, ne prêta qu'une médiocre
attention aux charmes extérieurs de celui-ci.

Il était désappointé.

Pendant la seconde qui avait suffi à la percep-
tion de ce qui se passait derrière son dos, le chevalier de la Graverie avait bâti tout un drame.

Il y avait des voleurs à Chartres !

Une bande de *pickpocket* avait fait invasion dans
la capitale de la Beauce, à l'intention d'exploiter les
poches de ses bourgeois, bien connus pour les gon-
fler de valeurs de toutes sortes. Ces audacieux
scélérats, démasqués, appréhendés au corps, traî-
nés en cour d'assises, envoyés au bagne, tout cela
grâce à la perspicacité, à la susceptibilité de sens
d'un simple flâneur : c'était splendide de mise en
scène, et l'on comprend qu'il était cruel de retomber
de ces hauteurs accidentées dans le calme mono-
tone des rencontres quotidiennes du tour de ville.

Aussi, dans son premier mouvement de mauvaise humeur contre l'auteur de cette déception, le
chevalier essaya-t-il de chasser l'importun par un

froncement de sourcil olympien, à la toute-puissance duquel il lui paraissait impossible que l'animal pût résister.

Mais le chien essuya intrépidement le feu de ce regard et contempla, au contraire, son adversaire d'un air aimable. Il fit rayonner avec tant d'expression ses grandes prunelles jaunes, tout humides, que ce miroir du cœur qu'on appelle les yeux chez les chiens comme chez les hommes, dit clairement au chevalier de la Graverie :

— La charité, monsieur, s'il vous plaît !

Et cela, avec un accent si humble, si piteux, que le chevalier se sentit remué jusqu'au fond de l'âme, déplissa son front ; puis, fouillant dans cette même poche où l'épagneul avait tenté d'introduire son museau pointu, il en tira un des morceaux de sucre qui avaient excité la convoitise du larron.

Le chien le reçut avec toute la délicatesse imaginable; en le voyant ouvrir la gueule pour y laisser choir cette friande aumône, jamais on n'eût pu croire qu'une mauvaise pensée, une pensée de vol, fût venue dans cet honnête cerveau ; peut-être un observateur eût-il désiré une expression de physionomie un peu plus reconnaissante, tandis que le sucre craquait entre les dents blanches de l'animal ; mais la gourmandise, qui est un des sept péchés capitaux, faisait partie des vices aimables du chevalier, lequel la regardait comme une de ces faiblesses qui charment les relations sociales. Il en résulta qu'au lieu d'en vouloir au chien de l'expression plus sensuelle que reconnaissante de sa physionomie, il suivit avec une admiration véritable et presque envieuse les témoignages de jouissance gastronomique que lui donnait l'animal.

Au reste, l'épagneul était décidément de la race des gueux !

Le bienfait ne fut pas plus tôt absorbé, que l'animal ne sembla s'en souvenir que pour en solliciter un autre; ce qu'il fit en se léchant amoureusement les lèvres et avec les mêmes jeux de physionomie suppliants, les mêmes attitudes humbles et caressantes dont il venait d'expérimenter la valeur; il ne se doutait pas que, comme presque tous les mendiants, d'intéressant il devenait importun; mais, au lieu de lui en vouloir de son importunité, le chevalier encouragea ses méchantes inclinations en lui prodiguant les morceaux de sucre et en ne s'arrêtant que quand sa poche fut entièrement vide.

Le quart d'heure de Rabelais de la reconnaissance allait sonner. M. le chevalier de la Graverie ne le voyait pas venir sans une certaine appréhension; il y a toujours une nuance de fatuité et d'égoïsme même dans le bienfait qui s'adresse à un chien;

on aime à croire que la main dont il dérive, en constitue tout le prix, et le chevalier avait vu si souvent débiteurs, obligés, courtisans, tourner les talons aux plats nettoyés, que, malgré le brin de suffisance que nous signalons, il n'osait trop espérer qu'un simple membre de la communauté canine ne suivît pas les traditions et les exemples donnés à ses pareils par les fils d'Adam , depuis la succession des siècles.

Quelque philosophe qu'une longue expérience de la vie eût dû le faire à cet endroit, il en coûtait au chevalier de la Graverie d'expérimenter, une fois de plus à ses dépens, l'ingratitude universelle; il ne demandait donc pas mieux que de sauver sa connaissance improvisée des embarras de cette terrible épreuve, et de s'épargner à lui-même les humiliations qui pouvaient en résulter; aussi, après avoir une dernière fois sondé la profondeur de sa redingote ; après s'être bien convaincu qu'il n'y avait pas moyen de prolonger ces agréables relations de la durée d'un morceau de sucre; après avoir, aux yeux de l'épagneul, retourné sa poche pour donner une preuve de complète bonne foi, il fit au chien une amicale caresse, ayant pour but de lui tenir lieu à la fois d'adieu et d'encouragement; puis, se levant, il reprit sa promenade, sans oser regarder derrière lui.

Tout cela, vous le voyez, ne vous dénonce pas le chevalier de la Graverie comme un mauvais homme, ni l'épagneul comme un mauvais chien.

C'est déjà beaucoup, ayant à vous mettre un homme et un chien en scène, que l'homme ne soit pas méchant ni le chien enragé. Aussi me crois-je obligé, vu cette première invraisemblance, de vous répéter que ce n'est pas un roman, mais une histoire que je vous raconte.

Le hasard avait, cette fois, réuni un bon homme et un bon chien.

Une fois n'est pas coutume !

II

— Où mademoiselle Marianne donne le programme de son caractère.

Nous avons vu que le chevalier avait repris sa promenade, sans oser détourner la tête pour s'assurer si le chien le suivait, oui ou non.

Mais il n'était pas au pont de la Courtille, — endroit bien connu, non-seulement des Chartrains, mais des habitants de tout le canton, — que sa résolution avait déjà subi un rude assaut, et ce n'était point sans une véritable force morale qu'il avait résisté aux suggestions du démon de la curiosité.

Cette curiosité, au moment où le chevalier de la Graverie arriva devant la porte Morard, était si fort excitée, que le passage de la diligence qui débouchait de la vieille route de Paris au triple galop de ses cinq chevaux, lui servit de prétexte pour se ranger; et, en se rangeant, comme par mégarde, il retourna la tête, et, à sa grande surprise, il aperçut le chien qui emboîtait son pas et le suivait gravement, méthodiquement, en animal qui a la conscience de ce qu'il fait, et qui accomplit une action selon sa conscience.

— Mais je n'ai plus rien à te donner, pauvre brave bête ! s'écria le chevalier en secouant ses poches flasques.

On eût dit que le chien avait compris le sens et la portée de ces paroles; car il s'élança en avant, fit deux ou trois gambades folles, comme pour témoigner de sa reconnaissance; après quoi, voyant le chevalier arrêté, et ne sachant pas combien de temps durerait la halte, il s'allongea à plat ventre sur le sol, appuya sa tête sur ses pattes de devant étendues, lança dans l'air trois ou quatre abois joyeux, et attendit que son nouvel ami se remît en marche.

Au premier mouvement que fit le chevalier, le chien se redressa sur ses quatre pattes et bondit en avant.

De même que l'animal avait paru comprendre les paroles de l'homme, l'homme parut comprendre les gestes de l'animal.

Le chevalier de la Graverie s'arrêta, et, levant et laissant retomber ses deux bras :

— Bon ! dit-il, tu veux que nous nous en allions de compagnie, je te comprends ; mais, malheureux, je ne suis pas ton maître, moi, et, pour me suivre, tu dois abandonner quelqu'un, quelqu'un qui t'a élevé, logé, nourri, choyé, caressé, un aveugle dont tu es le bâton peut-être, une douairière dont tu es la consolation sans doute ; quelques méchants morceaux de sucre te l'ont fait oublier, comme, plus tard, tu m'oublierais à mon tour si j'étais assez faible pour t'adopter. — Allons, allez-vous-en, Médor ! dit le chevalier s'adressant cette fois à l'animal ; vous n'êtes qu'un chien, vous n'avez pas le droit d'être ingrat... Ah ! si vous étiez un homme, continua, comme entre parenthèses, le chevalier, ce serait autre chose.

Mais le chien, au lieu d'obéir à l'ordre ou de se rendre à la considération philosophique du chevalier, redoubla ses abois, ses gambades, ses invitations à la promenade.

Par malheur, cette seconde série de pensées qui était montée au cerveau du chevalier comme une marée crépusculaire dont chaque vague s'avance plus ténébreuse, l'avait assombri; sans doute, il avait de prime abord été flatté d'inspirer l'attachement subit que lui avait témoigné l'animal; mais, par un retour naturel, il avait réfléchi que cet attachement cachait sans doute une ingratitude plus ou moins noire; il avait pesé la stabilité d'une amitié si prime-sautière, il s'était enfin fortifié dans un parti qui semblait pris chez lui depuis nombres d'années, parti d'après lequel — nous l'expliquerons plus tard — ni hommes, ni femmes, ni bêtes, ne devaient avoir à l'avenir aucune part dans ses affections.

Par cet aperçu habilement ménagé, le lecteur doit commencer à s'apercevoir que le chevalier de la Graverie appartient à cette honorable religion qui a pour dieu Timon, pour messie Alceste, et que l'on appelle misanthropie.

Aussi, bien décidé à trancher dans le vif, en rompant dès son début cette liaison, M. de la Graverie essaya d'abord de renvoyer le chien par la persuasion. Après l'avoir, comme nous avons vu, appelé Médor, en l'invitant une première fois à se retirer, il lui renouvela la même invitation en l'appelant tour à tour des noms mythologiques de Pyrame,

I.   2

Morphée, Jupiter, Castor, Pollux, Actéon, Vulcain ;
puis des noms antiques de César, Nestor, Romulus
Tarquin, Ajax ; puis des noms scandinaves d'Ossian,
de Fingal, d'Odin, de Thor, de Feuris ; de ces noms,
il passa aux noms anglais de Trim, Tom, Dick,
Nick, Milord, Stopp ; des noms anglais, il passa
aux noms pittoresques de Sultan, Phanor, Turc,
Ali, Mouton, Perdreau ; enfin, il épuisa depuis les
temps fabuleux jusqu'à nos temps positifs, tout ce
que le martyrologe des chiens put lui fournir de
noms pour faire entrer dans la tête de l'épagneul
obstiné qu'il était impossible qu'il continuât de
cheminer à sa suite ; mais, s'il y a un proverbe qui
dit, à propos des hommes, qu'il n'y a pire sourd
que celui qui ne veut pas entendre, il était évident,
dans cette circonstance du moins, que le proverbe
devait s'étendre jusqu'aux chiens.

En effet, l'épagneul, si prompt à deviner tout à
l'heure la pensée de son nouvel ami, paraissait
être maintenant à mille lieues de le comprendre ;
plus la physionomie du chevalier de la Graverie
devenait menaçante et sévère, et plus il cherchait
dans sa gorge des notes métalliques et cuivrées,
plus l'animal prenait des attitudes allègres et pro-
voquantes, et semblait donner la réplique à un
agréable badinage ; enfin, lorsque le chevalier, bien
malgré lui, mais contraint par la nécessité de ren-

dre sa pensée claire et saisissable, se décida, en levant sa canne à pomme d'or, à employer l'*ultima ratio* des chiens, la pauvre bête se coucha tristement sur le dos, et tendit, d'un air résigné, ses flancs au bâton.

Des malheurs, malheurs dont nous ne comptons aucunement faire un secret à nos lecteurs, avaient pu rendre le chevalier misanthrope, mais la nature ne l'avait pas créé méchant.

Aussi, cette humble attitude de l'épagneul désarma-t-elle complétement le chevalier; il fit passer sa canne, de sa main droite dans sa main gauche, s'essuya le front, — car cette scène qu'il venait de jouer, et dans laquelle il avait joint le geste au dialogue, l'avait mis en nage, — et, s'avouant vaincu, tout en conservant à son amour-propre l'espoir d'une revanche :

— Sac à papier ! s'écria-t-il, viens si tu veux, chien de... chien ! mais du diable si tu me suis plus loin que ma porte.

Mais le chien était probablement de cet avis que qui gagne du temps gagne tout ; car il se remit immédiatement sur ses quatre pattes, et, en animal parfaitement consolé et nullement inquiet, il anima le reste de la promenade par mille cabrioles autour du maître qu'il paraissait avoir choisi, le traitant si bien en vieil ami, que tous les Chartrains qui rencontrèrent le chevalier s'arrêtèrent ébaubis et rentrèrent chez eux, enchantés d'avoir à poser à leurs amis et connaissances cette énigme, sous la forme d'interrogation affirmative :

— Ah çà ! mais M. de la Graverie a donc un chien, à présent ?

M. de la Graverie, dont la ville s'occupait et, pendant deux ou trois jours peut-être, allait s'occuper, M. de la Graverie fut très-digne : il se montra tout à la fois complétement insoucieux de la curiosité qu'il soulevait sur son passage et d'une superbe indifférence vis-à-vis de son compagnon, s'arrêtant, absolument comme s'il eût été seul, partout où il avait l'habitude de s'arrêter : devant la porte Guillaume, dont on restaurait les vieux créneaux ; en face du jeu de paume, mal animé par la maladresse de six joueurs et les cris d'une douzaine de gamins qui se disputaient l'emploi de marqueurs de chasse ; auprès d'un cordier qui avait établi son atelier le long de la butte des Charbonniers, et dont, chaque jour, il inspectait le travail avec un intérêt dont jamais il n'avait même essayé de se rendre compte.

Si parfois une mine gracieuse, une caresse provoquante du chien arrachait malgré lui un sourire au chevalier, il le refoulait soigneusement en dedans, et, à l'instant même, reprenait son air gourmé, comme un ferrailleur qui, découvert par une feinte de son adversaire, se remet soigneusement en garde.

Ce fut ainsi qu'ils arrivèrent tous deux au numéro 9 de la rue de Lices, domicile, depuis nombre d'années, du chevalier de la Graverie.

Arrivé à cette porte, ce dernier comprit que tout le reste n'avait été qu'une espèce de prologue et que c'était là que la véritable lutte allait s'engager.

Mais le chien ne paraissait, lui, avoir rien compris du tout, sinon qu'il était arrivé au but de sa promenade.

Pendant que le chevalier glissait son passe-partout dans la serrure, l'épagneul, exempt, en apparence du moins, de toute inquiétude, attendait, placidement assis sur sa queue, que la porte s'ouvrît, comme si une longue habitude lui avait fait considérer la maison comme sienne ; aussi, dès que le chevalier en eût fait tourner les gonds, l'animal, s'élançant vivement entre ses jambes, allongea-t-il le nez sur le seuil ; mais le maître du logis tira si vivement à lui la porte, entre-bâillée au tiers, qu'elle se referma sur le nez du chien, et que, de la secousse, la clef rejaillit au milieu de la rue.

L'épagneul s'élança après la clef, et, malgré la répugnance qu'éprouvent en général les chiens, si bien dressés qu'ils soient, à toucher du fer avec leurs dents, il prit délicatement la clef entre sa mâchoire supérieure et sa mâchoire inférieure, et la rapporta à M. de la Graverie, et cela, comme on dit en termes de chasse, à l'anglaise, lui tournant le dos et se dressant sur ses pattes de derrière, afin de ne point le salir avec ses pattes de devant.

Cette manœuvre, sans toucher M. de la Grave-rie, si séduisante qu'elle fût, donna cependant dans son cerveau matière à un certain nombre de ré-flexions.

La première fut qu'il n'avait point affaire au premier chien venu, et que, sans être précisément un chien savant, celui qui venait de lui donner cette preuve d'éducation était un chien bien élevé.

Sans que sa résolution première en fût ébranlée, il comprit cependant que l'épagneul méritait quel-ques égards, et, comme deux ou trois personnes s'étaient déjà arrêtées à le regarder, comme les rideaux de quelques fenêtres s'écartaient, il résolut de ne pas compromettre sa dignité dans une lutte qui pourrait bien, vu l'entêtement et la vigueur de l'animal, ne pas demeurer à son avantage, et, cette résolution prise, il se décida à appeler une tierce personne à son secours.

En conséquence, il remit dans sa poche la clef que l'épagneul venait de lui rapporter, et, tirant une patte de chevreuil suspendue à une petite

chaîne de fer, il fit retentir la sonnette à l'intérieur.

Malgré son retentissement parvenu distincte-
ment à l'oreille du chevalier, la sonnette ne fit
aucun effet ; la maison resta muette comme si le
chevalier eût sonné à la porte du château de la
Belle au bois dormant, et ce ne fut que lorsque le
chevalier eut redoublé ses appels, avec un rappro-
chement de tentative et un redoublement d'effets
indiquant qu'il ne se lasserait pas le premier,
qu'une fenêtre à guillotine glissa dans son châssis,
au premier étage, et que la tête rechignée d'une
femme de cinquante ans, à peu près, s'y encadra.

Cette tête s'avança avec autant de précaution
que si quelque nouvelle invasion de Normands ou
de Cosaques eût menacé la ville, et chercha à reconnaître l'auteur de cet étrange charivari.

Mais M. de la Graverie, qui s'attendait naturellement à voir s'ouvrir la porte du rez-de-chaussée
et non la fenêtre du premier, s'était effacé contre
la porte, afin d'avoir moins de chemin à faire pour
s'élancer à l'intérieur, et disparaissait à l'ombre
d'une corniche toute chargée de giroflées de muraille, poussant là, vertes et drues, comme en
plein parterre.

Il fut donc impossible à la femme de ménage de
l'apercevoir ; elle vit seulement le chien, qui, assis

sur son derrière, à trois pas du seuil, et attendant,
comme le chevalier, que la porte s'ouvrît, leva la
tête et regarda avec son œil intelligent le nouveau
personnage qui entrait en scène.

La vue de ce chien n'était point faite pour ras-
surer Marianne,—c'était le nom de la vieille femme
de ménage, — sa couleur non plus; on se rappelle
que l'épagneul, à part deux taches de feu au museau et un jabot blanc au cou, était noir comme
un corbeau; et Marianne ne se rappelait aucune
des connaissances de M. de la Graverie ayant un
chien noir et ne voyait guère que le diable qui eût
un chien de cette couleur.

Or, comme elle savait que le chevalier avait
fait serment de n'avoir jamais de chien, elle fut
bien loin de se douter que ce chien accompagnât le
chevalier.

D'ailleurs, le chevalier ne sonnait point.

Le chevalier, qui n'aimait pas à attendre, avait
son passe-partout qui ne le quittait jamais.

Enfin, après un instant d'hésitation, elle se hasarda à interroger.

— Qui est là? demanda-t-elle timidement.

Le chevalier, guidé à la fois par le son de la voix
et par le regard de l'épagneul, quitta son poste, fit
trois pas dans la rue et leva la tête à son tour, en
se faisant un abat-jour de sa main.

— Ah ! c'est vous, Marianne, dit-il ; descendez.

Mais, du moment où elle avait reconnu son maître, Marianne avait cessé de craindre ; aussi, au
lieu d'obéir à l'ordre qui lui était donné :

— Descendre? demanda-t-elle; et pourquoi
faire ?

— Mais pour m'ouvrir, apparemment, répondit
M. de la Graverie.

Le visage de Marianne, de doucereux et timide
qu'il avait été d'abord, devint acariâtre et revêche.

Elle arracha une longue aiguille fichée entre son
bonnet et ses cheveux, et, reprenant son tricot interrompu :

— Pour vous ouvrir? dit-elle ; pour vous ouvrir?

— Sans doute.

— N'avez-vous point votre passe-partout?

— Que je l'aie ou que je ne l'aie point, je vous
dis de descendre.

— Bon ! voilà que vous l'avez perdu ; car je suis
sûr que vous l'aviez ce matin : pendant que je
brossais vos habits, il est tombé de la poche de
votre pantalon, et je l'y ai remis. Eh bien, c'est
une étourderie dont je ne vous croyais point ca-
pable à votre âge; mais, Dieu merci ! on apprend
tous les jours.

— Marianne, reprit le chevalier en donnant de

légères marques d'impatience, qui prouvaient qu'il n'était point autant que l'on pouvait le croire sous la domination de sa femme de charge, je vous dis de descendre.

— Il l'a perdu! s'écria celle-ci sans avoir remarqué l'imperceptible nuance qui s'était faite dans le ton du chevalier; il l'a perdu! Ah! mon Dieu, qu'allons-nous devenir? Il me va falloir courir la ville, faire changer la serrure, la porte peut-être; car je ne dormirai certainement pas dans une maison dont la clef court les grands chemins.

— J'ai la clef, Marianne, dit le chevalier s'impatientant de plus en plus; mais j'ai des raisons pour ne pas m'en servir.

— Jésus Dieu! et quelles raisons, je vous le demande, peut avoir un homme qui a réellement son passe-partout, pour ne pas rentrer avec son passe-partout, au lieu de faire courir les escaliers et les corridors à une pauvre femme déjà écrasée d'ouvrage... Et justement, cela me rappelle que mon dîner est sur le feu. — Ah! il brûle, il brûle, je le sens! A quoi pensez-vous, mon Dieu?

Et mademoiselle Marianne fit un mouvement pour rentrer.

Mais le chevalier de la Graverie était à bout de patience; d'un geste impératif, il cloua la vieille fille à sa place, en disant d'une voix sévère :

— Allons, trêve de paroles, et venez m'ouvrir, vieille folle !

— Vieille folle ! vous ouvrir ! s'écria Marianne en élevant convulsivement son tricot au-dessus de sa tête, à la façon des imprécations antiques. Comment ! vous avez votre clef, vous l'avouez, vous me la montrez même, et vous voulez me faire courir par la maison et traverser la cour ? Cela ne sera pas, monsieur ; non, cela ne sera pas ! il y a longtemps que je suis lasse de vos caprices, et je ne me prêterai point à celui-là.

— Oh ! l'abominable mégère ! murmura le chevalier de la Graverie tout étonné de cette résistance, et déjà brisé de sa lutte avec le chien ; je crois, en vérité, que, malgré sa supériorité dans les bisques d'écrevisses et les coulis de lapin, je serai forcé de m'en séparer ; seulement, comme je ne veux qu'à aucun prix cet épagneul maudit entre dans la maison, cédons-lui, quitte à reprendre notre revanche plus tard.

Alors, plus doucement :

— Marianne, dit-il, je comprends que vous vous étonniez de mon apparente inconséquence ; mais voici le fait : vous voyez ce chien...

— Certainement que je le vois, dit l'acariâtre personne sentant qu'elle regagnait en force tout ce que consentait à perdre le chevalier.

— Eh bien, il m'a suivi malgré moi, depuis la
caserne des dragons ; je ne sais comment m'en dé-
barrasser, et je voudrais que vous vinssiez le
chasser tandis que je rentrerai.

— Un chien ! s'écria Marianne ; et c'est pour un
chien que vous dérangez une honnête fille qui est
depuis dix ans à votre service. Un chien !... Ah
bien, moi, je vais vous montrer comment on les
chasse, les chiens.

Et Marianne, pour cette fois, disparut de la
fenêtre.

Le chevalier de la Graverie, convaincu que, si
Marianne avait quitté la fenêtre, c'était dans le
dessein de descendre et de venir l'aider dans le
petit programme d'expulsion, honnête et modéré,
qu'il s'était tracé vis-à-vis de l'animal, se rapprocha de la porte ; de son côté, le chien, décidément
résolu à cultiver la connaissance d'un homme de la
poche duquel sortaient de si bons morceaux de
sucre, se rapprocha de M. de la Graverie.

Tout à coup, une espèce de cataclysme sépara
l'homme de l'animal.

Une véritable avalanche d'eau, une chute du
Rhin, un Niagara, tombant du premier étage, les
inonda tous deux.

Le chien poussa un hurlement et s'enfuit.

Quant au chevalier, il tira son passe-partout de

sa poche, l'introduisit dans la serrure, ouvrit la
porte et en franchit le seuil dans un état d'exaspé-
ration facile à comprendre, et au moment même
où Marianne faisait entendre cette recommandation
un peu tardive :

— Prenez garde à vous, monsieur le chevalier !

III

— L'extérieur et l'intérieur de la maison du
chevalier de la Graverie. —

Le numéro 9 de la rue des Lices consistait en un
corps de logis, un jardin et une cour.

Le corps de logis était situé entre la cour et le
jardin.

Seulement, il n'avait pas, comme d'habitude, la
cour devant et le jardin derrière.

Non : il avait la cour à gauche et le jardin à
droite.

Flanquée de cette cour et de ce jardin, la maison
faisait face à la rue.

Dans la cour, par laquelle on pénétrait d'ordi-

naire, on ne trouvait pour tout ornement qu'une
vieille vigne qui, n'ayant pas été taillée depuis dix
ans, lançait le long du pignon de la maison voisine,
contre laquelle elle était appuyée, des sarments
d'une vigueur qui faisait penser aux forêts vierges
du nouveau monde.

Bien que cette cour fût pavée de grès, favorisée
par l'humidité du sol et l'ombre des toits, l'herbe
dans les interstices avait poussé si épaisse, si ser-
rée, qu'elle formait une espèce de damier en relief,
dont les cases étaient indiquées par les pavés.

Par malheur, le chevalier de la Graverie n'étant
ni joueur d'échecs, ni joueur de dames, n'avait
jamais songé à tirer parti de cette circonstance,
qui eût fait le bonheur de Méry ou de M. Labour-
donnais.

Extérieurement, la maison avait cet aspect froid
et triste qui caractérise la plupart des habitations
de nos vieilles villes; le mortier qui la recrépissait,
s'était écaillé par larges plaques, et la chute de ses
écailles laissait voir la nature en moellons de la bâ-
tisse, recouverte, de place en place, de lattes clouées
à côté les unes des autres; ce qui donnait à la façade
l'apparence d'un visage marbré par une maladie de
peau. Les fenêtres, veuves de leur peinture gri-
sâtre et devenues noires de vétusté, étaient à petits carreaux, et encore, par économie, avait-on

choisi ces carreaux parmi ceux que l'on appelle
des culs de bouteille, carreaux qui ne laissent pénétrer qu'une lumière verdâtre dans les apparte-
ments.

Tant que l'on n'avait fait que traverser cette
cour, et que l'on était demeuré au rez-de-chaussée,
il fallait que la porte de la cuisine fût entr'ouverte
pour que l'on prît une idée passable et une opinion
suffisante du maître du logis ; car alors, et par
l'entre-bâillement, on apercevait des fourneaux
de faïence blanche, propres et luisants comme le
plancher d'un parloir hollandais, et le plus souvent empourprés par les rougeâtres reflets d'un
charbon incandescent ; à côté du fourneau, un âtre
immense, où d'énormes bûches brûlaient brave-
ment et sans parcimonie, comme au temps de nos
aïeux, servait de rôtissoire à une broche tournant
au moyen de cette mécanique classique qui imite
si agréablement le tic tac d'un moulin ; le foyer
carrelé de briques faisait lit à la braise, sans laquelle il n'y a pas de viande grillée, braise que rien
ne saurait remplacer, et que les économistes mo-
dernes — exécrables gastronomes pour la plupart
— ont cru remplacer par un four de tôle ; en face
de cette cheminée et de ces fourneaux étincelants
comme autant de soleils rougis, s'étalaient une
douzaine de casseroles s'étageant par rang de taille

et fourbies tous les jours comme les canons d'un vaisseau de haut rang, depuis l'énorme chaudron non étamé où se brassent les confitures et les sirops, jusqu'au vase microscopique où s'élaborent les coulis, les mirepoix et les espagnoles de la cuisine algébrique.

Pour qui savait déjà que M. de la Graverie vivait seul, sans femme et sans enfants, sans chiens ni chats, sans commensal d'aucune sorte, enfin, avec Marianne pour tout domestique, il y avait toute une révélation dans cet arsenal culinaire, et l'on reconnaissait le fin gourmet, le raffiné gastronome livré aux jouissances de la table, aussi facilement qu'au moyen âge on reconnaissait un alchimiste aux fourneaux, aux creusets, aux cornues, aux alambics et aux lézards empaillés.

Maintenant, la porte de la cuisine fermée, voici ce que l'on voyait au rez-de-chaussée.

Un vestibule des plus mesquins, sans autre ornement que deux champignons de bois, auxquels le chevalier accrochait, en rentrant, à l'un son chapeau, à l'autre son parapluie, lorsqu'il sortait avec un parapluie au lieu de sortir avec une canne; qu'un banc de chêne sur lequel s'asseyaient les domestiques quand, par hasard, le chevalier recevait, et que des carreaux de pierres blanches et noires, médiocre contrefaçon du marbre, dont elles avaient la froideur et l'humidité ; humidité et froideur qui persistaient en été comme en hiver.

Une vaste salle à manger et un immense salon dans lequel on ne faisait de feu que quand le che-valier de la Graverie donnait à dîner, c'est-à-dire deux fois par an, composaient, avec la cuisine et le vestibule, tout le rez-de-chaussée.

Ces deux pièces tenaient, au reste, ce que l'ex-térieur promettait en fait de délabrement : le par-quet en était disjoint et bosselé, le plafond gris et sale ; les tapisseries déchirées, souillées, arra-chées, s'agitaient au souffle du vent lorsque l'on ouvrait la porte.

Dans la salle à manger, six chaises de bois peint en blanc, forme empire, une table en noyer, un buffet, composaient l'ameublement.

Dans le salon, trois fauteuils et sept chaises couraient les uns après les autres, sans jamais par-venir à se joindre, tandis qu'une banquette à dos-sier, banquette et dossier rembourrés de foin, usurpaient audacieusement la place et le nom de canapé ; la décoration et le mobilier de cet apparte-ment de réception, appartement où, sauf les cas signalés, le propriétaire ne pénétrait jamais, était complété par une table ronde à bouillotte avec son flambeau, par une pendule aux aiguilles stagnantes et au balancier immobile, par une glace en deux morceaux reflétant les rideaux de calicot à bandes jaunes et rouges qui pendaient tristement devant les fenêtres.

Mais, au premier étage, c'était différent : le premier étage était, il est vrai, habité par le chevalier de la Graverie en personne ; c'était là qu'eût conduit en droite ligne le fil parti de la cuisine, si le labyrinthe de la rue des Lices avait eu une Ariane.

Que l'on se figure trois pièces arrangées, meublées, tapissées avec le soin minutieux et la confortable coquetterie qui semblent l'apanage des douairières ou des petites-maîtresses : tout avait été prévu, tout avait été ménagé pour rendre l'existence douce, commode et agréable dans ces trois bonbonnières dont chacune avait sa spécialité.

Le salon, qui était la pièce principale pour la grandeur, était garni d'un meuble de forme moderne, capitonné avec le plus grand respect et la plus grande prévoyance, dans toutes les parties qui étaient destinées à servir de point d'appui à la grassouillette personne du chevalier ; une bibliothèque en bois noir avec des incrustations de cuivre qui avaient des prétentions au Boule, était remplie de livres reliés en maroquin rouge, que la main du chevalier, il faut le dire, ne tourmentait que rarement et jamais pendant de longues séances ; une pendule représentant l'Aurore sur son char, char

dont les roues formaient le cadran, flanquée de
deux candélabres à cinq branches, indiquait l'heure
avec une minutieuse précision ; des rideaux d'un
épais lainage, assortis sur le meuble du salon, se
drapaient aux fenètres avec une élégance que n'eût
point désavouée un boudoir de la Chaussée-d'Antin,
tandis que des lambris 'à fond blanc, conservant
quelques vestiges dorés, faisaient foi, dans les loca-
taires ou les propriétaires qui avaient précédé M. de
la Graverie, d'une élégance encore supérieure à la
sienne.

Du salon, on passait dans la chambre à coucher.

Ce qui attirait tout d'abord les regards en entrant
dans cette chambre à coucher, c'était un lit monu-
mental, comme largeur et comme hauteur. Ce lit
était si élevé, que la première idée qui se présentait à l'esprit de celui qui le voyait, c'est que quiconque avait l'ambitieuse prétention de dormir
dans ce lit, devait l'escalader au moyen d'une
échelle ; une fois arrivé sur cette montagne de laine
et de duvet, entourée par un triple rang de rideaux, le conquérant, du milieu d'une alcôve ouatée
et capitonnée comme un nid de chardonneret,
dominait toute la position : de là, il pouvait, en ramenant son regard sur tous les points de la chambre, passer la revue des chaises, des fauteuils, des

chauffeuses, des sofas et canapés, des tabourets, des coussins, des peaux de renard, s'élevant, s'étalant, s'allongeant sur une moquette épaisse et sourde comme un tapis de Smyrne, tout cela recouvert les uns ou les unes, pour l'hiver, d'étoffes souples et moelleuses; les autres, pour l'été, de cuir ou de basane; tous ou toutes d'une forme savante, d'une combinaison confortable, d'une courbe ingénieuse, appropriés au repos et à la sieste, et paraissant garder à leur centre une cheminée chargée de flambeaux et de candélabres, garnie de son écran, et combinée de façon à ce que pas un atome de sa chaleur ne fût perdu. Cette pièce la plus éloignée de la rue donnait sur le jardin de manière à ce qu'aucun bruit de charrette et de voiture, à ce qu'aucun cri de marchand ou aboiement de chiens ne vînt inquiéter le sommeil du dormeur.

En repassant de la chambre dans le salon et en traversant celui-ci dans toute sa longueur, on allait se heurter à un énorme paravent en vieux laque, non-seulement originaire de Chine, mais de Coromandel, qui masquait une porte ouvrant sur une troisième pièce; cette dernière, drapée de tapisseries, n'avait pour tout meuble qu'une petite table ronde en acajou, un seul fauteuil en acajou et une servante également en acajou, dont le dessus de marbre supportait deux seaux de plaqué destinés à faire rafraîchir le vin de Champagne ; mais, sur toutes ses faces, — la chambre, bien entendu, — elle était garnie d'un rang d'armoires vitrées dont le contenu en faisait le digne et précieux appendice de la cuisine.

Chacune de ces armoires, en effet, avait sa spécialité.

Dans l'une étincelait une massive argenterie, un service de porcelaine blanche à filets vert et or, et au chiffre du chevalier ; des cristaux de Bohême rouges et blancs, dont la finesse et la forme devaient certainement ajouter à la saveur des vins qu'ils étaient chargés de conduire à la bouche et de présenter, à travers deux lèvres sensuelles, aux houppes délicates du palais.

La seconde armoire contenait des pyramides d'un linge de table dont les reflets soyeux faisaient deviner la finesse.

Dans la troisième s'étalaient, comme dans une revue de soldats bien disciplinés, se tenant immobiles et rangés sur deux ou trois de hauteur, des vins d'entremets et de dessert colligés en France, en Autriche, en Allemagne, en Italie, en Sicile, en Espagne, en Grèce, emprisonnés dans leurs bouteilles nationales, les unes au col court et ramassé dans les épaules, les autres au col allongé et gra-

cieux, celles-ci à l'estomac ventru portant éti-
quette, celles-là enveloppées de tresses de paille
ou de roseaux, toutes attrayantes, pleines de promesses, parlant à la fois à l'imagination et à la
curiosité, et flanquées, comme un corps d'armée
de troupes légères, de liqueurs cosmopolites dans
leurs cuirasses de verre de toutes couleurs et de
toutes formes.

Dans la dernière enfin, et c'était la plus grande,
s'accrochaient à la muraille, pendaient aux angles,
se prélassaient sur les planches, des comestibles de
toute espèce, terrines de Nérac, saucissons d'Arles
et de Lyon, pâtes d'abricots d'Auvergne, gelée de
pommes de Rouen, confitures de Bar, conserves
du Mans, pots de gingembre de Chine, pickles et
sauces anglaises de tout acabit, piment, anchois,
sardines, poivre de Cayenne, fruits secs, fruits
confits; enfin, tout ce que le bon et savant Dufouil-
loux dénombre et désigne par ces quatre mots
pleins d'expression et dignes de rester dans la
mémoire de tous les gourmands : *le harnois de
gueule.*

Après cette visite domiciliaire, peut-être un peu
minutieuse, mais qui cependant nous a paru nécessaire, le lecteur devinera sans peine que M. le
chevalier de la Graverie était un homme très-cha-
ritablement occupé de sa personne et fort soucieux

des satisfactions de son estomac ; seulement, nous ajouterons, pour ne pas laisser dans l'ombre un seul des traits de cette esquisse que nous sommes en train de tracer de lui, que cette tendance bien caractérisée vers la gourmandise était contrariée par la manie qu'avait le digne gentilhomme de se croire constamment malade et de se tâter le pouls tous les quarts d'heure ; nous ajouterons encore qu'il était collectionneur de roses, enragé ; puis, arrivé à ce point de notre récit et sentant l'impossibilité d'aller plus loin, non-seulement sans faire une halte, mais même sans retourner de quarante-huit à cinquante ans en arrière, nous demanderons à nos lecteurs la permission de leur raconter comment ces trois infirmités morales étaient venues au pauvre chevalier.

IV

— Comment et dans quelles circonstances naquit
le chevalier de la Graverie. —

Qu'on ne s'étonne pas trop de ce retour rétrospectif que le lecteur a dû prévoir, au reste, en

voyant que, nous prenions notre héros à l'âge où
d'habitude les aventures les plus intéressantes de
la vie, c'est-à-dire les aventures d'amour, sont
terminées; nous nous engageons à ne pas dépasser
l'an 1793.

En 1793, donc, M. le baron de la Graverie,
père du chevalier, était dans les prisons de Besan-
çon, sous la double accusation d'incivisme et de
correspondance avec les émigrés.

M. le baron de la Graverie eût bien pu alléguer
pour sa défense qu'à son point de vue, à lui, il
n'avait fait qu'obéir aux lois les plus sacrées de la
nature, en faisant parvenir quelque argent à son
fils aîné et à son frère, tous deux à l'étranger ; il
y a des moments où les lois sociales passent avant
les lois naturelles, et cette allégation, il n'avait
pas même songé à la faire; or, *le crime* du baron
de la Graverie était un de ceux qui, à cette époque, conduisaient le plus sûrement un homme à
l'échafaud.

Aussi, madame la baronne de la Graverie, restée
libre, fit-elle, malgré un état de grossesse avancé,
les démarches les plus actives pour faire évader
son mari.

Grâce à l'or qu'avait prodigué la pauvre femme,
son petit complot marchait assez bien. Le geôlier
avait promis d'être aveugle; le guichetier avait

porté au prisonnier une lime et des cordes à l'aide
desquelles il devait scier un barreau et gagner la
rue, dans laquelle madame de la Graverie l'atten-
drait pour quitter la France.

La fuite était fixée au lendemain 14 mai.

Jamais heures ne semblèrent plus longues que
les heures de cette fatale journée ne le parurent à
la pauvre femme. A chaque instant, elle regardait
l'horloge et maudissait sa lenteur. Parfois, le sang
refluait à son cœur et l'étouffait tout à coup, et
elle se disait qu'il était impossible qu'elle vît jamais luire l'aurore de ce lendemain si désiré.

Vers quatre heures du soir, n'y pouvant plus
tenir, elle résolut, pour adoucir les terribles angoisses qui l'agitaient, d'aller trouver un prêtre
réfractaire qu'une de ses amies cachait dans sa cave,
et de lui demander d'unir ses prières aux siennes
pour appeler la miséricorde divine sur le malheureux prisonnier.

Madame de la Graverie sortit donc.

En essayant de traverser, malgré son encom-
brement, une des ruelles qui conduisaient au mar-
ché, elle entendit sur la place le bruit sourd et
continu d'une grande multitude. Elle essaya alors
de revenir sur ses pas; mais c'était chose impossible, la foule fermait l'issue; marchant en avant,
cette foule l'emporta sur un de ses flots, et, de

même qu'un fleuve se jette dans la mer, le courant qui l'entraînait déboucha sur la place.

La place était encombrée de monde, et, au-dessus des têtes de tout ce monde, se dressait la rouge silhouette de la guillotine, au haut de laquelle étincelait, empourpré par un dernier rayon de soleil couchant, le fatal couperet, terrible emblème de l'égalité, sinon devant la loi, du moins devant la mort.

Madame de la Graverie frissonna et voulut fuir.

C'était encore plus impossible que la première fois ; un nouveau flot de peuple avait envahi la place et l'avait poussée au centre, et il ne fallait pas songer à rompre les rangs pressés de la multitude ; l'essayer, c'était risquer de se faire reconnaître pour aristocrate et compromettre dans sa personne non-seulement son propre salut, mais encore celui de son mari.

L'intelligence de madame de la Graverie, tendue depuis quelques jours vers un seul but, celui de l'évasion du baron, avait acquis un admirable degré de lucidité.

Elle songeait à tout.

Elle se résigna et se fit forte pour supporter avec courage, et sans trop témoigner son horreur, l'épouvantable spectacle qui allait se passer sous ses yeux.

Elle ne voila pas son visage de ses mains, démonstration qui eût attiré sur elle l'attention de ses voisins ; mais elle ferma les yeux.

Une immense clameur, qui gagnait de proche en proche, comme fait une traînée de poudre enflammée, annonça l'arrivée des victimes.

Il se fit bientôt un refoulement indiquant que la charrette passait et prenait sa place.

Quoique pressée, ballottée, soulevée même par la foule, madame de la Graverie, jusque-là, avait tenu bon et n'avait point regardé ; mais, en ce moment, il lui sembla qu'une force invisible et invincible surtout lui relevait les paupières. Elle ouvrit donc les yeux, aperçut à quelques pas d'elle la charrette des condamnés, et dans cette charrette son mari !

A cette vue, elle s'élança en avant en poussant un cri si terrible, que les curieux qui l'entouraient s'écartèrent pour laisser passer cette femme éperdue, haletante, aux yeux hagards ; elle refoula ceux qui la séparaient encore du tombereau, avec la toute-puissance que la femme la plus frêle trouve dans le paroxysme de la douleur poussée jusqu'au désespoir, et, faisant, pour ainsi dire, le trou du boulet de canon dans cette masse compacte, elle atteignit la charrette.

Son premier sentiment et son premier effort

furent de l'escalader pour arriver à son mari; mais les gendarmes, revenus de leur première surprise, la repoussèrent.

Alors, elle se cramponna aux ridelles de la voiture et fit entendre des hurlements de folle; puis, s'arrêtant tout à coup sans transition, elle se mit à supplier les bourreaux de son mari, comme jamais patient n'avait supplié les siens.

Ce fut un spectacle si horrible, que, malgré les appétits sanguinaires que la quotidienneté de ces horribles drames avait nécessairement développés dans la multitude, plus d'un farouche sans-culotte, plus d'une de ces abominables mégères des halles que l'on désignait du nom effroyablement caractéristique de lécheuses de guillotine, sentirent de grosses larmes ruisseler le long de leurs joues. Aussi, lorsque la nature eut succombé sous l'étreinte de la douleur, lorsque madame de la Graverie, sentant ses forces l'abandonner, fut forcée de lâcher la charrette et s'évanouit, la pauvre créature trouva autour d'elle des cœurs compatissants empressés à la secourir.

On la rapporta chez elle, et le médecin fut immédiatement appelé.

Mais la secousse avait été trop violente; la pauvre femme mourut au bout de quelques heures, dans un accès de délire, tout en donnant naissance,

deux mois avant terme, à un enfant faible et chétif
comme un roseau, qui fut ce même chevalier de la
Graverie dont nous écrivons aujourd'hui l'inté-
ressante histoire.

La sœur aînée de madame de la Graverie, la
chanoinesse de Beauterne, se chargea du pauvre
petit orphelin, qui, venu à sept mois, était si
délicat, que le médecin regardait comme impossible que l'on arrivât à le faire vivre.

Mais la douleur que lui causait la mort tragique
de sa sœur et de son beau-frère développa chez
cette vieille fille les instincts maternels que Dieu a
mis au cœur de chaque femme, mais que le célibat
dessèche et raccornit dans celui des vieilles filles.

Le vœu le plus ardent de madame de Beauterne
était d'aller retrouver ceux qu'elle pleurait, après
avoir dignement et pieusement accompli la tâche
que leur mort lui avait léguée; elle voulut, avec
cet entêtement qui caractérise les célibataires, que
l'enfant vécût, et, en dépensant des trésors de
patience et d'abnégation, elle arriva à faire mentir
l'horoscope de l'homme de science, bien plus
certain cependant lorsqu'il prédit la mort que
lorsqu'il promet la vie.

Aussitôt que les chemins furent libres, nantie
de son trésor, — c'est ainsi que madame de Beauterne appelait Stanislas-Dieudonné de la Graverie,

—elle alla s'enfermer dans la communauté de chanoinesses allemandes dont elle faisait partie.

Une communauté de chanoinesses, hâtons-nous de donner cette explication à nos lecteurs, n'est pas un couvent ; c'est bien plutôt et presque au contraire, devrions-nous dire, une réunion de femmes du monde, rapprochées autant par leurs goûts et par leurs besoins que par les rigueurs de la dévotion ; elles sortent quand bon leur semble, reçoivent qui leur plaît ; leur toilette même se ressent de la facilité de leurs vœux, et, tant que l'élégance et même la coquetterie ne semblent compromettre que le salut du prochain, elles sont tolérées dans l'ordre.

Ce fut dans ce milieu moitié mondain, moitié religieux que le petit de la Graverie fut élevé. Ce fut entre ces bonnes et aimables femmes qu'il grandit.

Les lugubres accidents qui avaient signalé sa naissance intéressèrent prodigieusement à sa destinée toute la petite congrégation ; aussi jamais enfant, fût-il l'héritier d'un prince, d'un roi ou d'un empereur, ne fut choyé, ne fut dorloté, ne fut gâté comme celui-là. C'était entre les bonnes dames une émulation de gâteries dans laquelle, malgré sa tendresse pour le jeune Dieudonné, madame de Beauterne était presque toujours distancée ; une

larme de l'enfant causait une migraine générale à
toute la communauté ; chacune de ses dents amena
dix nuits d'insomnie, et n'était le rigoureux cor-
don sanitaire que la tante avait établi contre les
friandises, l'impitoyable système de douanes qu'elle
exerçait vis-à-vis des poches, le jeune de la Graverie eût succombé dans son bas âge, gorgé de
douceurs, bourré de bonbons comme Vert-Vert,
de sorte que notre narration serait déjà finie, ou
plutôt n'aurait jamais commencé.

La sollicitude générale à son égard fut si grande,
que son éducation s'en ressentit quelque peu.

En effet, la proposition que madame de Beauterne hasarda un beau jour, et qui ne tendait pas à
moins qu'à envoyer Dieudonné parfaire son éducation chez les jésuites de Fribourg, fit jeter les
hauts cris à toutes les chanoinesses. On la taxa de
dureté envers le pauvre enfant, et le projet ren-
contra une réprobation si universelle, que la bonne
tante, dont le cœur ne demandait pas mieux que
de se rendre, n'essaya pas même de la braver.

En conséquence, le petit bonhomme resta libre
de n'apprendre que ce qui lui plairait, ou à peu
près ; et, comme la nature ne lui avait pas départi
des inclinations scientifiques exagérées, il en résulta qu'il demeura très-ignorant.

Il eût été déraisonnable d'espérer que les bonnes

et dignes femmes cultiveraient le moral de leur élève avec plus de perspicacité qu'elles ne faisaient de son intelligence; elles ne lui apprirent donc non-seulement rien des hommes parmi lesquels il était destiné à vivre, ni des usages auxquels il devait se heurter, mais encore, par le soin avec lequel elles éloignèrent de leur petite poupée les réalités brutales de ce monde, les sensations qui pouvaient froisser sa tendresse, les secousses qui pouvaient faire tressaillir son cœur, elles développèrent outre mesure cette sensibilité nerveuse déjà disposée à être excessive par les émotions dont l'enfant, comme Jacques Ier, avait subi le contre-coup dans le sein maternel.

Quant aux études physiques qui constituent l'éducation d'un gentilhomme, il en fut de même; on ne voulut jamais permettre que le jeune Dieudonné prît des leçons d'équitation, de sorte que l'enfant n'eut jamais d'autre monture que l'âne du jardinier; et encore, lorsqu'il montait sur cet âne, l'animal était-il conduit par une des bonnes dames, qui remplissait bénévolement près du jeune de la Graverie le rôle qu'accomplissait avec tant de répugnance Aman près de Mardochée.

Il y avait dans la ville où était située la communauté religieuse un excellent maître d'armes, et l'on discuta un instant si l'on ne ferait pas ap-

prendre l'escrime au jeune Dieudonné ; mais, outre
que c'était un excercice fatigant, quelle chance
qu'avec son charmant caractère, si plein de douceur et d'aménité, le chevalier de la Graverie eût
jamais une querelle! Il eût fallu être un monstre de
noirceur et de méchanceté pour lui vouloir du mal,
et, Dieu merci ! les monstres sont rares.

A cent pas du couvent coulait une rivière magnifique, qui étendait, à travers les prés bariolés de
pâquerettes et de boutons d'or, ses eaux au cours
insensible et unies comme un miroir ; les jeunes
gens de l'université voisine allaient là tous les
jours accomplir des prouesses près desquelles celles
du plongeur de Schiller étaient bien pâles ; on pouvait envoyer le jeune Dieudonné trois fois par semaine à cette rivière, et, sous la direction d'un
excellent maître nageur, faire de lui un pêcheur de
perles ; mais la rivière était un composé d'eaux de
sources dont la fraîcheur pouvait avoir sur la santé
de l'enfant une influence désastreuse ; Dieudonné
se contenta de barboter deux fois par semaine dans
la baignoire de sa tante.

Dieudonné ne sut donc ni nager, ni faire des
armes, ni monter à cheval.

Il y avait là, comme on le voit, une grande res-
semblance entre son éducation et celle d'Achille ;
seulement, si, au milieu des bonnes dames qui en-

touraient le chevalier de la Graverie, un Ulysse
quelconque eût apparu, tirant une épée du four-
reau, il est probable qu'au lieu de sauter sur le
glaive, comme fit le fils de Thétis et de Pelée,
Dieudonné, ébloui de l'éclair du soleil sur la lame,
se fût sauvé au plus profond des caves de la communauté.

Tout cela faisait à Dieudonné un tempérament
physique et moral des plus déplorables.

Il avait seize ans, qu'il ne pouvait pas voir une
larme trembler à la paupière d'autrui, sans se
mettre à l'instant même à pleurer à l'unisson; la
mort de son moineau ou de son serin lui donnait
des attaques de nerfs; il composait de touchantes
élégies sur le trépas d'un hanneton écrasé par
mégarde; le tout à la grande satisfaction et à l'ap-
plaudissement unanime des chanoinesses, qui exal-
taient l'exquise délicatesse de son cœur, sans se
douter que cette exagération de sensibilité devait
nécessairement conduire leur idole à une fin pré-
maturée, ou amener une réaction égoïste dans ces
sentiments par trop philanthropiques.

D'après ces prémisses, on ne doit point s'attendre à voir Dieudonné recevoir de ses institutrices
des préceptes sur l'art de plaire et des leçons sur
la science d'aimer.

Il en fut pourtant ainsi.

Madame de Florsheim, une des compagnes de madame de Beauterne, comme celle-ci son neveu, avait sa nièce auprès d'elle.

Cette nièce, de deux ans plus jeune que Dieudonné, s'appelait Mathilde.

Elle était blonde, comme toutes les Allemandes ; comme toutes les Allemandes, elle avait, en sortant du maillot, deux grands yeux bleus qui pleuraient le sentiment.

Or, dès que les deux petites créatures purent marcher sans lisières, il sembla divertissant aux bonnes chanoinesses de les pousser l'une vers l'autre.

Donc, si l'on n'apprit pas ou ne fit pas apprendre à Dieudonné à monter à cheval, à faire des armes et à nager, on lui apprit autre chose.

Quand, après avoir couru dans le parterre de la communauté, vêtu, comme un berger de Watteau, d'un habit et d'une culotte de satin bleu de ciel, d'un gilet blanc, de bas de soie et de souliers à talons rouges, Dieudonné revenait avec un bouquet de myosotis ou une branche de chèvrefeuille, on lui apprenait à présenter cette branche de chèvrefeuille ou ce bouquet de myosotis à sa jeune amie, et cela, en fléchissant le genou selon les traditions de l'antique chevalerie.

Quand le temps était mauvais et que l'on ne

pouvait sortir, que madame de Beauterne se mettait à son épinette et jouait l'air du *Menuet
d'Exaudet*, on voyait s'avancer comme deux petites poupées à ressorts, se tenant par la main,
Dieudonné et Mathilde, cette dernière, bien entendu, aussi bergère que son danseur était berger ;
et alors commençait une représentation chorégra-
phique qui épanouissait les yeux et les cœurs des
bonnes chanoinesses.

Enfin, lorsque, le menuet fini, Dieudonné baisait
galamment la petite main blanche et parfumée de
sa danseuse, alors c'était un ravissement général :
les bonnes dames se pâmaient d'aise, pressaient
les enfants dans leurs bras et les étouffaient de
baisers.

Ce n'était plus Dieudonné, ce n'était plus
Mathilde ; c'était le petit mari, c'était la petite
femme ; et, quand on les voyait s'enfoncer sous les
grands arbres du parc, comme deux miniatures
d'amants, au lieu de leur crier : « N'allez point là,
enfants, la solitude est dangereuse et le demi-jour
est à craindre, » les bonnes chanoinesses eussent,
si cela leur eût été possible, changé le demi-jour
en crépuscule et chassé de la solitude jusqu'aux
rouges-gorges et aux grillons.

Il en résultait que les deux bambins dédaignaient
les jeux de leur âge pour des afféteries de senti-

ment qui énervaient prématurément leurs sens et
défloraient leurs âmes.

Aussi, quelque purs, quelque angéliques que
dussent sembler ces amours aux bonnes fées qui
les protégeaient, le diable, qui les regardait du
coin de l'œil, se promettait de n'y perdre rien.

C'était, en effet, fort imprudent de la part de ces
saintes femmes de se conduire ainsi.

Mais que voulez-vous !

Les deux pauvres enfants étaient pour les mon-
daines recluses le regard de regret que le voyageur
donne à la belle et riante vallée qu'il vient de traverser et qu'il quitte pour entrer dans la région des
sables arides et désolés; il est vrai que, si ce spectacle reposait momentanément ces pauvres vieux
cœurs endoloris, s'il adoucissait l'amertume des
souvenirs, s'il redorait pour quelques instants les
illusions de jeunesse perdues, s'il faisait oublier
momentanément les dents d'ivoire et les cheveux
cendrés, il est certain que, dans le retour que les
pauvres femmes refaisaient sur elles, il leur coûtait,
en définitive, plus de larmes que de sourires;
qu'après les joies éphémères de ce mirage, la
résignation devenait plus difficile, l'espérance plus
confuse, la foi plus tiède, et que bien des soupirs,
qui ne venaient pas de cœurs contrits, se mêlaient
aux prières qui venaient de cœurs souffrants.

Enfin, chose plus grave, sans paraître s'en douter le moins du monde, les graves dames profanaient ce qu'il y a de plus saint et de plus sacré sur terre, l'enfance.

V

— Premières et dernières amours du chevalier
de la Graverie. —

Lorsque Mathilde eut atteint quinze ans et Dieudonné dix-sept, ces beaux transports parurent singulièrement se refroidir.

Dieudonné ne rapportait plus de ses promenades ni myosotis ni chèvrefeuille; quand le menuet était fini, Dieudonné ne baisait plus la main de Mathilde, mais se contentait de lui faire une simple révérence. Enfin, l'on ne voyait plus les deux enfants s'enfoncer seuls et innocemment sous les ombrages et dans les pénombres du parc.

Seulement, un observateur eût pu voir Mathilde porter tendrement à ses lèvres des bouquets fanés qui lui venaient on ne sait d'où et qu'elle replaçait hâtivement dans son corset.

Seulement, ce même observateur eût pu remarquer que, quand Dieudonné donnait la main à Mathilde, pour accomplir avec elle les figures du ballet, Dieudonné pâlissait, Mathilde rougissait, et un frissonnement nerveux inondait leurs deux corps comme un fluide électrique.

Enfin, ce même observateur, toujours, n'ayant plus la vue arrêtée sur l'allée par laquelle tous deux autrefois s'enfonçaient dans le parc, pouvait suivre des yeux, l'un allant à droite, l'autre allant à gauche, et, après les avoir vus entrer de chaque côté opposé du bois, pouvait les voir se joindre près d'une charmante petite pièce d'eau dont le doux murmure faisait un adorable accompagnement au chant d'un rossignol qui avait posé son nid sur le bord d'un ruisseau.

Le jour où il atteignit sa dix-huitième année, — et Mathilde, par conséquent, sa seizième, — Dieudonné entra dans la chambre de sa tante, fit les trois saluts que sa tante lui avait appris à faire pour le cas où il serait présenté à la grande-duchesse Stéphanie de Bade ou à la reine Louise de Prusse, et il demanda solennellement à madame de Beauterne à quelle époque il pouvait être uni en mariage à mademoiselle Mathilde de Florsheim.

La chanoinesse eut un de ces accès de gaieté qui

avaient, chez elle, ce côté dangereux d'être si
violents, qu'ils se terminaient presque toujours par
une quinte. Puis, lorsqu'elle eut ri jusqu'aux
larmes et toussé jusqu'au sang, tandis que Dieudonné, à la troisième position du menuet, attendait gravement sa réponse, elle lui dit que rien
ne pressait, que des enfants de dix-huit ans
avaient au moins quatre ou cinq ans devant eux
avant de se préoccuper de ces sortes de choses,
et que, quand le temps serait venu d'y songer,
les idées du jeune homme se trouveraient peut-
être modifiées du tout au tout à cet égard.

Dieudonné, en neveu bien appris, ne répliqua
point et se retira en saluant respectueusement
sa tante; mais, sans qu'il se fût rien passé d'extraordinaire dans la soirée, lorsque, le lendemain
matin, la femme de chambre de madame de Beauterne entra dans la chambre du jeune homme pour
lui apporter le café à la crème traditionnel, elle
trouva la chambre vide et le lit parfaitement intact.

Elle courut, tout effarée, annoncer l'incroyable
nouvelle à sa maîtresse.

Au même instant, et comme, pour la troisième
fois, elle répétait à madame de Beauterne cette
phrase :

— Je vous proteste, madame, que M. le chevalier
n'a pas même couché dans son lit.

On annonça madame de Florsheim.

Madame de Florsheim, très-pâle et très-effarée, venait confier à madame de Beauterne que sa nièce Mathilde avait disparu dans la nuit.

Le crime des jeunes gens était aussi patent devant ces deux lits intacts, que si l'on eût vu leurs deux têtes sur le même oreiller.

En un instant, le bruit de cette double fuite se répandit, et l'émoi fut grand dans la communauté.

Les deux tantes étaient naturellement les plus affligées; elles priaient et sanglotaient.

Leurs compagnes jetaient feu et flamme sans réfléchir que l'heure de la moisson était arrivée, voilà tout, et qu'elles récoltaient ce qu'elles avaient semé.

Enfin, l'une d'elles ouvrit cet avis, que les pleurs et les cris n'avançaient à rien, que mieux serait de se mettre sans retard à la poursuite des fugitifs.

L'avis parut bon et fut adopté.

Ils étaient trop inexpérimentés tous deux pour avoir déployé de grandes ruses à cacher leurs traces; aussi, dès le lendemain, les émissaires envoyés à leur poursuite ramenèrent-ils les fugitifs.

Les deux brebis égarées rentrèrent au bercail.

Mais ce n'était point là un dénoûment, et madame de Florsheim en réclamait un qui réparât convenablement la brèche faite à l'honneur de sa maison dans la personne de sa nièce.

Madame de Beauterne s'y refusait absolument.

Cette dernière avait conservé en France des biens considérables; elle trouvait, en conséquence, que ce n'était point assez, pour l'héritier de ces richesses, de l'honneur d'être allié à l'une des familles les plus illustres de la Bavière; elle exigeait encore que l'on ajoutât une dot à cet honneur; et, comme les Florsheim avaient d'excellentes raisons pour repousser cette exigence de madame de Beauterne, la vieille dame demandait avec instance que l'affaire restât dans le *statu quo*, et que l'on passât l'éponge, sinon de l'oubli, du moins du pardon, sur le passé.

Cela n'avait été, assurait-elle, qu'une des péripéties de l'enfantillage, sans conséquence, que madame de Florsheim avait encouragé avec toute la communauté.

Madame de Beauterne garantissait, sur son propre honneur, que Dieudonné était trop pieux, trop bien élevé, et trop jeune surtout, pour qu'il pût résulter aucun inconvénient de ce voyage en tête-à-tête à Munich, avec sa petite amie; — car c'est à Munich, fait que nous avons oublié de

constater, qu'avaient été retrouvés les deux enfants.

Mais, à quelques mois de là, quoique l'on eût
tenu les deux jeunes gens soigneusement séparés
l'un de l'autre depuis leur retour, il fut clairement
prouvé à madame de Beauterne qu'elle s'était beaucoup trop avancée en répondant corps pour corps
de l'innocence de son neveu.

La chose était si grave, que, sur la sommation
de madame de Florsheim, le confesseur de madame
de Beauterne jugea à propos de s'en mêler.

Enfin, convaincue par les représentations du
respectable directeur de sa conscience, madame de
Beauterne, pour acquérir de nouveaux droits à
la reconnaissance des deux jeunes gens, fit sem-
blant de céder uniquement à leurs larmes et à leurs
prières, et, à la grande joie de la communauté des
chanoinesses, le mariage vint légitimer cet amour,
qu'elles regardaient comme leur œuvre.

On établit le nouveau ménage dans une petite
villa des environs; et, patronnée par les chanoinesses, qui en suivaient toutes les phases avec
l'avidité curieuse, tracassière et jalouse d'autant
de belles-mères, la lune de miel des deux époux
menaça de s'éterniser.

La mort de madame de Beauterne fut le premier
nuage qui passa sur ce bonheur; la bonne dame

laissait'une trentaine de mille livres de rente à son neveu ; mais, disons-le à la louange de celui-ci, ni cette honorable fortune, ni la conjugaison du verbe *aimer* qui occupait tous ses instants, ne l'empêchèrent de trouver de sincères et pieuses larmes pour honorer la mémoire de sa seconde mère.

En effet, Dieudonné, devenu jeune homme, avait dépassé ses vingt ans sans avoir vu cet âge d'épreuves altérer la douceur et la naïveté qui avaient caractérisé son enfance.

Il avait conservé ses élans de tendresse universelle et de commisération infinie ; seulement, ces sentiments s'étaient imprégnés d'une certaine teinte de tristesse et de mélancolie, probablement née avec lui, et résultat des événements qui avaient présidé à sa naissance.

Il présentait le singulier spectacle d'un homme qui ne possède ni goûts ni désirs. Le catéchisme lui avait appris le nom des passions ; mais, en grandissant, il l'avait oublié ; tout entier à l'amour, absorbé par Mathilde et dans Mathilde, il se prêtait avec une admirable docilité aux petits caprices de sa femme, un peu plus éveillée que lui et qui avait dû être au moins de moitié, sinon pour les trois quarts, dans l'épisode de la fuite ; au reste, ces caprices, obéis aussitôt que manifestés, resserrés au cadre étroit dans lequel ils vivaient, n'amenaient aucune commotion, aucun nuage, aucun trouble dans leur existence, digne de l'âge d'or.

Jamais le chevalier de la Graverie n'avait jeté un coup d'œil curieux par-dessus les murs qui bornaient son paradis terrestre; instinctivement, sans se rendre compte pourquoi, le monde lui faisait peur, les bruits du dehors lui donnaient le frisson, et il les écartait de son mieux en se bouchant les oreilles le jour, et, la nuit, en ramenant la couverture par-dessus ses yeux.

Aussi fut-il tout bouleversé, lorsque, déjà ébranlé par la mort de sa tante, et encore mal remis de sa douleur, une lettre lui arriva timbrée de Paris et signée du baron de la Graverie.

Dieudonné n'avait entendu parler de ce frère aîné qu'à l'occasion de son mariage et par l'entremise de sa tante.

Nous avons dit que Dieudonné se bouchait les oreilles pour ne pas entendre les bruits du dehors.

On jugera s'il avait les oreilles bien bouchées.

Il avait à peine entendu le bruit qu'avait fait la première chute du trône de Napoléon, et n'avait point du tout entendu celui qu'avait fait la seconde.

L'armée française avait battu en retraite à travers toute l'Allemagne; les armées allemandes, au-

trichienne et russe l'avaient suivie; le flot humain
s'était brisé à l'angle du couvent, s'écoulant à droite
et à gauche, et, à l'abri dans le navire de pierre,
Dieudonné n'avait point senti le heurt de ces vagues vivantes.

Le baron de la Graverie apprenait donc à son
cadet tout ce qu'il ignorait, c'est-à-dire comme
quoi la Restauration avait ramené en France les
princes de la maison de Bourbon, et lui signifiait
d'avoir à accomplir un des devoirs de sa naissance,
en venant se rallier autour du trône.

Il va sans dire que le premier mouvement de
Dieudonné fut de refuser; il maudit Louis XI, non
point pour avoir fait exécuter Nemours et Saint-
Pol, non point pour avoir fait assassiner le comte
d'Armagnac, non point pour avoir inspiré une
telle terreur à son père le pauvre Charles VII,
que celui-ci se laissa mourir de faim de peur
d'être empoisonné, — mais pour avoir inventé la
poste !

Nous avons dit que Dieudonné était médiocrement instruit, de sorte qu'il confondait la poste aux
chevaux avec la poste aux lettres; mais, en réalité,
toutes deux remontent à Louis XI. l'une était la
conséquence de l'autre.

Il entra même dans un tel découragement, que
madame de la Graverie, qui ouvrait la porte en ce

moment, le vit les mains encore au ciel et lui entendit murmurer cette phrase :

— Que ne suis-je né dans l'île de Robinson
Crusoé !

Elle comprit qu'il avait dû se passer des choses
bien déplorables dans la vie de son mari, pour qu'il
risquât un tel geste et laissât échapper un pareil
souhait.

Elle s'inquiéta donc à l'instant même de l'événement qui venait d'arracher à son époux ce geste
exagéré et cette misanthropique boutade.

Dieudonné lui passa la lettre du même air que
Manlius-Talma passait la lettre révélant sa trahison à Servilius-Damas.

Madame de la Graverie lut la lettre et ne parut
nullement partager la douleur de son mari à l'égard
de ce voyage et de ses appréhensions à l'endroit
du monde. Au milieu de la sévérité claustrale de
son éducation, Mathilde avait, par ces vieilles ba-
billardes, toutes de race aristocratique, entendu
parler non-seulement de la cour de France avant
1789, bien entendu, mais encore de toutes les autres
cours, comme de véritables lieux de délices, et son
instinct de coquetterie naturelle lui faisait désirer
d'y briller.

Elle eut vingt raisons, sans avouer une seule
fois qu'elle-même le désirait, elle eut vingt raisons

pour démontrer à son mari qu'il devait obéir aux
prescriptions du chef de la famille, et il n'en fallait
pas tant pour un homme habitué à écouter les
paroles de Mathilde, comme un Argien l'oracle de
Delphes.

Le jeune couple se décida donc à abandonner le
nid charmant qui avait abrité ses amours, et partit
pour la France vers le mois de juillet de l'année
1814.

Dès la première poste commencèrent les tribu-
lations du chevalier de la Graverie.

Tout entière au mouvement de la voiture qui les
emportait tous deux, à la joie de contempler enfin
des lieux et des objets nouveaux, Mathilde eut ses
premières distractions et cessa de faire aussi con-
sciencieusement sa partie dans le duo de tendresse
élégiaque que Dieudonné chantait du matin au soir.

Dieudonné s'en aperçut bien vite, et son âme, im-
pressionnable à l'excès, en fut douloureusement
affectée.

Ce fut donc dans d'assez tristes dispositions
d'esprit qu'il arriva à Paris, et qu'ayant cherché
l'adresse du baron au bas de la malheureuse lettre
qui causait tout ce dérangement, il se présenta devant son frère aîné, qui, en véritable aristocrate
qu'il était, avait arrêté son logement, rue de Varennes, n° 4, au faubourg Saint-Germain.

Le baron de la Graverie avait près de dix-neuf ans de plus que son frère.

Il était né en pleine monarchie, l'année même de l'avénement au trône de Louis XVI.

En 1784, il avait fait ses preuves de 1399, et était entré comme page aux écuries du roi.

En 1789, après la prise de la Bastille, il avait émigré avec son oncle.

Il en résultait que, n'ayant jamais vu son frère, il n'avait pas une profonde tendresse pour lui.

A ce défaut de tendresse se mêlait un vif sentiment de jalousie; car, hélas! comme on le verra par la suite, le baron de la Graverie n'était point parfait.

Il ne pouvait point, lui qui revenait de l'émigration sans aucune fortune, après mille dangers courus, il ne pouvait point pardonner à son frère cadet d'avoir hérité de la fortune entière de la chanoinesse de Beauterne, fortune à laquelle, en sa qualité d'aîné, il prétendait avoir des droits supérieurs à ceux d'un cadet.

Comment son frère avait-il gagné cette fortune? En faisant, à l'ombre d'un couvent, sa cour à une vingtaine de vieilles femmes.

Si ce cadet s'était fait chevalier de Malte comme c'était son devoir, à ce que prétendait le baron, peut-être lui eût-il pardonné ce qu'il appelait cette soustraction d'héritage.

Mais Dieudonné, au contraire, s'était marié, et le baron regardait comme tout à fait inconvenant qu'un cadet, c'est-à-dire un individu qui, pour lui, n'appartenait qu'à l'espèce neutre, eût songé à prendre femme, privant ainsi les fils que l'aîné pouvait avoir, d'une fortune qui, si elle avait été enlevée au père, devait, au moins, être substituée aux enfants.

Aussi, dès la première entrevue, le baron exposa-t-il au chevalier ses sentiments à cet égard, et ajouta-t-il avec un aplomb merveilleux que la Providence, qui avait déjà fait tourner à mal la première grossesse de madame de la Graverie, se refuserait, il l'espérait bien du moins, à doter d'une progéniture quelconque ce ménage de contrebande, et ferait, un jour ou l'autre, rentrer dans la branche aînée, à laquelle elle appartenait sans conteste, la succession de la chanoinesse.

Cet exorde exaspéra la chevalière de la Graverie, qui avait accompagné son époux chez le baron, et arracha deux grosses larmes des yeux de Dieudonné.

En excellent père qu'il sentait devoir être, il pleurait sa postérité condamnée au néant par le baron.

Il regardait alternativement sa femme et son frère, et semblait demander à celui-ci comment il pouvait lui reprocher sa Mathilde, si jolie, si bonne, si aimante.

Les charmes dont la jeune femme était douée, et que son amour doublait, triplait, quadruplait, n'étaient-ils donc pas une justification suffisante? ou, comme Alceste, le baron avait-il donc juré une haine éternelle aux femmes?

Mais, faisant un retour sur lui-même, réfléchissant que lui, en effet, qui était resté en France, qui n'avait couru aucun des dangers de la guerre, aucune des fatigues de l'émigration; réfléchissant que lui était riche, tandis que son frère n'avait rapporté de l'exil que son épée et ses épaulettes, il eut un moment de doute et se demanda si, en effet, en acceptant l'héritage de la tante Beauterne, il n'avait pas fait une mauvaise action.

Alors, et sans vouloir prendre la peine de réfléchir, sans s'arrêter aux signes d'opposition que faisait la douce Mathilde, qui ne se contentait pas, comme saint Martin, de la moitié d'un manteau, demandant pardon à son aîné d'une faute dont il venait de comprendre les conséquences, à l'instant même il exigea que le baron reprît la moitié de la fortune de la chanoinessse, et voulut en signer la donation le jour même.

Ce à quoi le baron consentit sans se faire prier.

VI

— Le chevalier de la Graverie aux mousquetaires gris. —

Quelle que fût la sécheresse de son cœur, le baron parut touché de la délicatesse de son cadet, et, lorsque l'acte de donation rédigé par le notaire du baron eut été signé et parafé au bas de toutes les pages et à chaque renvoi par le chevalier, il lui tendit les bras avec une expansion dans laquelle il oublia presque sa dignité de chef de famille; le chevalier s'y jeta en fondant en larmes, plus reconnaissant bien certainement de cette simple démonstration fraternelle, que le baron ne l'était des quinze mille livres de rente qui venaient de lui rentrer, et qui, avec ce qu'il possédait déjà, lui faisaient juste quinze mille francs de revenu.

De son côté, le baron déclara, après l'accolade donnée et reçue, qu'à l'avenir il voulait considérer

et aimer Dieudonné comme son propre fils, et
qu'il allait se charger de sa fortune à la cour avec
la plus inquiète sollicitude.

Voulant lui en donner une preuve irrécusable,
il demanda pour lui un brevet de mousquetaire
gris, et, croyant lui ménager la plus douce des
surprises, il ne lui dit pas un mot de ses démarches.

Il en résulta qu'un soir, en se mettant à table,
Dieudonné trouva sous sa serviette un brevet
signé Louis, lequel l'admettait à l'honneur de faire
partie de ce corps privilégié.

C'était, en effet, un grand honneur : les jeunes
gens des premières familles de France deman-
daient à entrer dans ce que l'on appelait à cette
époque *la maison rouge.*

Car mousquetaires noirs comme mousquetaires
gris étaient habillés de rouge, cette désignation
venant de la couleur de leurs chevaux et non de
celle de leurs casaques ; en outre, chaque mousquetaire avait le grade de lieutenant.

Mais, si grand que fût cet honneur, nous devons avouer que, depuis la lettre qui l'avait ar-
raché aux douceurs de son ermitage, jamais M. de
la Graverie n'avait éprouvé une secousse plus
désagréable que celle qu'il ressentit à la vue de ce
parchemin.

Il en eut des éblouissements vertigineux, et une
sueur froide inonda tout son corps.

Avec une énergie que nul n'eût eu le droit d'attendre de cette nature débonnaire et facile, il
repoussa cet honneur, s'en défendit par force
raisons, dont la meilleure était sans contredit, que,
tout au contraire de d'Artagnan, son illustre de-
vancier, il ne se sentait aucune espèce de goût
pour la casaque.

Le baron de la Graverie apprit ce refus par
une lettre que le chevalier écrivit *ab irato*.

Il entra dans une majestueuse fureur ; ce refus
du chevalier le compromettait gravement : il avait
usé de tout son crédit pour obtenir du roi la précieuse signature. Or, un la Graverie se déclarer
impuissant à remplir une charge militaire quelconque, c'était le livrer, lui, à la risée de la cour.

Il répondit donc à son frère qu'il eût, bon
gré mal gré, à endosser la casaque, et il répondit
au roi que le chevalier était si reconnaissant de
la faveur accordée, que, ne sachant dans quels
termes en faire ses remercîments, il le chargeait,
lui, le baron, d'en exprimer à Sa Majesté toute sa
reconnaissance.

Il n'y avait plus à s'en dédire pour le malheureux Dieudonné : le baron avait répondu et
remercié en son nom.

Dieudonné avait un profond respect pour la hié-
rarchie de la famille; il faisait plus qu'aimer son
frère, qui avait pris pour son compte tous les cha-
grins et toutes les fatigues de la vie, ne lui en laissant, à lui, que les douceurs, et, malgré l'abandon de
la moitié de son héritage, qu'il ne regretta pas un
seul instant, hâtons-nous de le dire, il se demandait
quelquefois s'il n'était point coupable envers son
aîné en détenant l'autre moitié.

Les reproches d'ingratitude que le baron vint
lui faire en personne, — car, lorsqu'il avait la rare
occasion d'adresser des reproches à son frère, le
baron se donnait la satisfaction de les lui faire de
vive voix, — ces reproches d'ingratitude, disons-
nous, touchèrent si vivement Dieudonné, que, ne
sachant que répondre, il resta absolument muet.

Madame de la Graverie fit, des yeux, à son
beau-frère, un signe qui demandait grâce pour son
pauvre mari, au nom duquel elle semblait s'engager.

En effet, Mathilde, qui n'avait pas encore eu le
temps de perdre au frottement de la société française ses illusions germaniques, Mathilde regardait
Dieudonné comme l'Antinoüs du xixe siècle et ne
doutait pas qu'un uniforme aussi élégant que l'était
celui des mousquetaires ne fît ressortir les avan-
tages qu'elle lui supposait; elle s'était donc déci-

dée, par coquetterie conjugale, à soutenir la thèse de son beau-frère.

D'ailleurs, la thèse n'avait plus besoin d'être soutenue, puisque le baron avait répondu et remercié au nom de Dieudonné.

Dieudonné, qu'il voulût ou ne voulût pas, était donc bel et bien mousquetaire gris des pieds à la tête, et relevait désormais du maréchal duc de Raguse, commandant en chef la maison du roi, mousquetaires et gardes du corps.

En effet, huit jours après, le malheureux chevalier endossait l'uniforme avec la résignation et la bonne grâce d'un caniche que l'on revêt de la toque et de la tunique d'un troubadour pour lui faire faire les exercices sur la corde roide.

L'uniforme était magnifique, surtout en grande tenue.

Habit rouge, culotte de casimir blanc, grandes bottes montant jusqu'au-dessus du genou, casque à flottante crinière, cuirasse à croix soleillée d'or.

Mais le pauvre Dieudonné était bien empêché dans ce magnifique uniforme.

Il n'avait pas de lui-même une plus haute idée qu'il n'en devait avoir, et se sentait gauche et ridicule sous le harnais.

En effet, court et replet, il avait la figure rougeaude et imberbe d'un génovefin ; gentil à croquer

sous l'aube d'un enfant de chœur, il était profondément absurde sous l'uniforme.

Et cependant, vêtu en bourgeois, le chevalier
n'était pas remarquablement plus laid que la plupart des autres hommes ne se permettent de l'être,
et la phrase consacrée par l'usage pour pallier le
manque de grâce qui caractérise certains individus
de l'espèce masculine, *il n'est ni bien ni mal*, pouvait s'appliquer au chevalier aussi bien, et nous
dirons même mieux qu'à tout autre.

Mais l'uniforme, en donnant des prétentions à
cette modeste tournure, en faisait saillir tous les
défauts.

Était-il à pied, ses bottes avaient l'air de sortir
de son abdomen, comme le manche d'un bilboquet
de sa boule. Alors, l'un, à cause de ses petits bras
courts et grassouillets, le comparait à l'oiseau de
mer que la privation de ces membres si utiles à fait
baptiser du nom de *manchot;* l'autre demandait au
premier venu, en le voyant passer : « S'il vous
plaît, monsieur, pouvez-vous me dire le nom de ce
plumet qui se promène? »

Mais là encore était le beau côté de la situation.

Pour avoir une idée des angoisses que peut
éprouver un homme sans en mourir, il fallait voir
le chevalier de la Graverie à cheval.

A dix ans, lorsque le petit chevalier se trouvait

au haut d'un escalier, il appelait sa tante la chanoinesse de Beauterne, afin qu'elle vînt lui donner
la main et l'aidât à descendre.

A quinze ans, lorsque par hasard il avait monté
l'âne du jardinier, une de ses nobles protectrices se
tenait invariablement à la tête de l'animal et l'autre
à la partie opposée, afin que, s'il venait à l'âne
la fantaisie de prendre le mors aux dents, l'une pût
l'arrêter par la bride, et l'autre le retenir par la
queue.

Or, quelque assiduité que le chevalier mît à
suivre les écoles d'équitation, quelque patience
qu'il déployât dans l'étude de la théorie, il fut
impossible à ses membres ronds et roides à la
fois de se plier aux mouvements de son cheval.

Choisi par son frère, quoique le chevalier l'eût
demandé bien doux, le cheval de notre héros n'en
était pas moins un cheval de course et de bataille
sans défaut, mais plein de sang et d'ardeur.

Le chevalier avait demandé que ce cheval fût le
plus bas possible; mais il y avait pour les chevaux
de la maison du roi, mousquetaires, gardes du
corps ou chevau-légers, une taille voulue, au-
dessous de laquelle aucun cheval ne pouvait être
admis.

Or, le chevalier, qui avait des vertiges en regardant du haut en bas d'un perron immobile, avait

bien d'autres vertiges, lorsqu'il se trouvait sur la selle d'un cheval fringant et vigoureux.

Juché sur Bayard — c'était le nom que le baron avait jugé à propos de donner au cheval de son frère en souvenir du cheval des quatre fils Aymon — à peu près avec la même solidité et la même grâce qu'un sac de farine est juché sur le dos d'un mulet, le chevalier ne s'y maintenait, la plupart du temps, que par un miracle d'équilibre, et, dans les circonstances difficiles, grâce au bienveillant concours de ses camarades de droite et de gauche.

Au commandement inattendu de halte, n'eût été le poids respectable de son individu, vingt fois il eût rompu l'alignement en passant par-dessus la tête de sa monture.

Heureusement pour le chevalier que sa douceur, son obligeance, son humilité touchèrent ses camarades, qui eurent honte de prendre pour plastron un être complétement inoffensif, bien que, grâce à l'aide qui lui était donnée, s'il eût possédé la plus petite dose de suffisance, rien ne l'eût empêché de se regarder comme le plus brillant cavalier de son escadron.

Mais il n'en était point ainsi, et Dieudonné se trouvait si mal à son aise sous la belle croix brodée qu'il portait sur son uniforme, qu'il eût jeté la casaque aux orties, s'il n'eût craint de causer un chagrin à sa femme et de se mettre en guerre avec son aîné.

Une chose l'effrayait surtout : c'est qu'un jour ou l'autre, son tour viendrait de servir d'escorte au roi. Là, on n'était plus dans les rangs, on galopait à la portière, et chacun pour son compte. Et les sorties du roi avaient lieu avec une régularité désespérante; c'était un homme très-réglé dans ses habitudes, que le roi Louis XVIII.

Jamais il ne faisait un jour autre chose que ce qu'il avait fait la veille, ce qui eût fort simplifié le travail du Dangeau moderne, si, comme son illustre prédécesseur et aïeul Louis XIV, Louis XVIII avait eu un Dangeau.

Or, voici l'emploi qu'eut chaque journée du roi depuis sa rentrée à Paris, le 3 mai 1814, jusqu'au 25 décembre 1824, époque de sa mort :—que l'on me pardonne si je me trompe d'un jour ou deux; je n'ai pas sous la main l'*Art de vérifier les dates.*

Il se levait à sept heures du matin, recevait le premier gentilhomme de la chambre ou M. de Blacas à huit heures; à neuf heures, il prenait ses rendez-vous d'affaires; à dix heures, il déjeunait avec le service et les personnes autorisées une fois pour toutes à déjeuner avec lui, c'est-à-dire les titulaires des grandes charges et les capitaines des compagnies de la maison du roi; après le déjeuner, qui, dans les premiers temps, ne durait que vingt-cinq minutes, mais qui finit par durer trois quarts d'heure, et auquel madame la duchesse d'Angoulême et une ou deux de ses dames assistaient toujours, on passait dans le cabinet du roi et une conversation s'entamait ; à onze heures moins cinq minutes, jamais plus tôt, jamais plus tard, la duchesse se retirait ; et alors quelque histoire graveleuse tenue en réserve était racontée par le roi pour égayer ses auditeurs ; à onze heures dix minutes, au plus tard, il congédiait son monde ; aussitôt venaient jusqu'à midi les audiences accordées aux particuliers ; à midi, le roi allait entendre la messe avec son cortége, composé souvent de plus de vingt personnes, jamais de moins ; à son retour, il recevait ses ministres ou tenait son conseil, ce qui arrivait une fois par semaine ; après le conseil, il passait une heure ou deux à écrire, ou à lire, ou à faire des plans de maison qu'il jetait ensuite au feu ; à trois ou quatre heures, selon la saison, il allait à la promenade et faisait quatre, cinq et jusqu'à dix lieues dans une grosse berline, sur le pavé, et les chevaux courant ventre à terre. A six heures moins dix minutes, il rentrait aux Tuileries ; à six, il dînait en famille, mangeait beaucoup et avec discernement, ayant des prétentions légitimes au titre de gourmand ; la famille royale restait réunie

jusqu'à huit heures; à huit heures, tout ce qui avait
le droit d'entrer chez le roi sans audience préalable
pouvait demander à être admis, et était reçu à son
tour; à neuf heures, Sa Majesté sortait et passait
dans la salle du conseil, où elle donnait le mot
d'ordre du château; quelques personnes avaient
le privilége d'entrer en ce moment et en profitaient
pour faire leur cour au roi; l'ordre durait vingt
minutes; après quoi, le roi se retirait dans sa
chambre et commentait Horace, ou lisait Virgile
ou Racine, et, à onze heures, il se couchait.

Plus tard, quand madame du Cayla et M. de
Cases furent en faveur, madame du Cayla arrivait le
mercredi après le conseil, et restait deux ou trois
heures avec le roi sans que personne pût entrer.

Quant à M. de Cases, son tour venait le soir; il
passait dans la chambre du roi en même temps
que Sa Majesté, y restait seul avec elle et n'en sortait
qu'un quart d'heure avant le coucher du roi.

Au milieu de cette longue suite de petits devoirs
que le roi s'était imposés et qu'il accomplissait
avec une ponctualité religieuse, une seule ligne
avait préoccupé M. de la Graverie cadet.

C'était celle-ci :

« Tous les jours, que le temps soit bon ou mauvais, Sa Majesté sortira et restera dehors, de trois
heures à six heures moins un quart. »

C'était la maison du roi qui fournissait les escortes pour les promenades, — la maison rouge comme les autres.

Mais, comme la maison du roi était considérable, le tour de chacun ne revenait que tous les mois.

Le hasard voulut que le chevalier fût vingt-cinq jours à attendre son tour.

Enfin, il arriva.

Ce fut un jour cruel! Mathilde et le baron étaient enchantés : ils espéraient, l'un que son frère, l'autre que son mari serait remarqué par le roi.

Au moindre scintillement, la nébuleuse pouvait devenir une étoile.

Hélas! la pauvre étoile future était cachée derrière un terrible nuage, celui de la peur.

De même que le jour était venu, l'heure vint; l'escorte attendait à cheval, dans la cour.

Le roi descendit, et, comme d'habitude, à peine fut-il monté dans la voiture, que les chevaux partirent au galop.

Quiconque eût jeté les yeux sur le chevalier de la Graverie, l'eût vu si pâle, qu'il en eût eu pitié.

Il était dans la complète impossibilité de diriger son cheval; par bonheur, le cheval était aussi bien dressé que le maître l'était mal; le cheval dirigea le maître.

L'intelligent animal semblait tout comprendre,

il se mit de lui-même à son rang et ne le quitta plus.

Il n'y avait pas à dire que l'on recourrait au pommeau de la selle : une main tenait la bride, l'autre le sabre.

Le chevalier se voyait tombant et s'embrochant sur sa propre lame ; ce qui lui causait des angoisses telles, que son corps s'éloignait lui-même de son sabre et sa main de son corps.

Ce jour là, la course fut énorme : on fit le tour de la moitié de Paris ; le roi sortit par la barrière de l'Étoile et rentra par la barrière du Trône.

Un bon cavalier eût été brisé ; le chevalier de la Graverie était rompu comme si on l'eût descendu de la roue.

Quoique l'on fût au mois de janvier, la sueur lui découlait du front, et sa chemise était mouillée comme si on l'eût trempée dans la Seine.

Il laissa son cheval à son domestique, et, au lieu de dîner au château avec ses camarades, comme c'était l'habitude, il sauta dans un fiacre et, en quelques secondes, revint rue de l'Université, nº 10.

Si courte que fût la course, il ne s'était pas senti le courage de la faire à pied.

En l'apercevant, Mathilde jeta un cri : il semblait vieilli de dix ans.

Le chevalier fit bassiner son lit avec du sucre,

se coucha, de trois jours ne se leva point, et, pendant quinze, se plaignit de douleurs par tout le corps.

Hélas! il y avait loin de là à l'existence tranquille de la petite villa bavaroise; à ces longs tête-à-tête entremêlés de caresses, à ces douces promenades pendant le crépuscule sur la lisière des bois et sur le bord de la rivière, promenades pendant lesquelles les silences des deux époux étaient aussi éloquemment amoureux que les caresses les plus tendres, tant la fusion de leurs âmes était complète. Plus d'isolements égoïstes au milieu des indifférents, plus de ces charmants tête-à-tête au coin du feu passés à se construire une petite vieillesse à la Philémon et Baucis.

Ce qui arriva de pis dans tout ceci, et l'aventure du lombago fit faire un grand pas à cette conviction, c'est que madame de la Graverie se vit forcée de reconnaître, par la comparaison, que son chevalier n'était pas précisément aussi supérieur aux autres hommes qu'elle l'avait supposé jusqu'alors.

C'est un moment fatal pour les amours et un terrible écueil pour la fidélité conjugale, que le moment où la femme en arrive à soupçonner que le Créateur pourrait bien ne pas s'être positivement reposé après avoir confectionné tout exprès pour elle l'objet dont, jusque-là, elle avait fait son idole.

Un mari passé à l'état de monnaie légale n'a plus qu'un cours forcé.

Ce n'est pas que nous voulions dire que, du jour où elle fit cette fatale découverte, Mathilde cessa d'aimer son mari ; bien au contraire, les soins qu'elle lui rendit en particulier, pendant l'indisposition qui suivit cette malheureuse journée de l'escorte, ne furent rien en comparaison de ceux qu'elle lui témoigna en public ; quelques prudes qualifièrent même d'indécente la tendresse que la jeune Allemande ne craignait point d'afficher pour M. de la Graverie ; mais nous devons, pour être en tout point fidèle à la vérité, avouer que, quand ils étaient seuls, Mathilde n'ouvrait plus guère la bouche que pour bâiller, et que ses devoirs et ses obligations de femme du monde commencèrent à se multiplier singulièrement chaque jour.

Il va sans dire que le chevalier de la Graverie ne s'aperçut de rien qui pût lui faire soupçonner qu'il n'était pas toujours le plus fortuné des hommes ; il voyait se continuer pour lui, dans le mariage, les gâteries auxquelles son enfance avait été habituée, et en était arrivé peu à peu à regarder comme très-simples et très-naturels les soins extraordinaires que lui prodiguait Mathilde, et à trouver que c'était bien le moins et le mieux qu'elle pût faire.

M. de la Graverie eût été bien certainement le
plus heureux des époux, si, en même temps qu'é-
poux, il n'eût eu cette malheureuse chance d'être
mousquetaire gris.

C'était surtout ce terrible tour d'escorte qui revenait tous les mois, et qui, suspendu comme une
épée de Damoclès au-dessus de sa tête, empoi-
sonnait ses plus doux instants !

VII

— Où il arrive un événement qui dispense le chevalier de la Graverie d'être d'escorte pendant trois
mois. —

Le mois de février s'écoula comme s'était écoulé
le mois de janvier ; le tour d'escorte du chevalier
revint. Ce furent les mêmes angoisses, mais cette
fois encore mieux justifiées. Mal tenu en bride, le
cheval du mousquetaire s'abattit, M. de la Graverie sauta par-dessus sa tête, roula sur le pavé et se
foula l'épaule.

On le rapporta chez lui presque content d'en
être quitte pour si peu.

L'accident du chevalier se répandit. Tout ce qu'il y avait de bien placé à la cour déposa chez lui sa carte ou vint en personne.

Le roi fit demander trois fois de ses nouvelles.

Le baron était au comble de la joie.

— Sache exploiter la circonstance, lui disait-il, et ta fortune est faite.

Le chevalier ne demandait pas mieux que d'exploiter la circonstance, pourvu que ce ne fût point à cheval.

Aussi, quoique en particulier il eût tiré son bras de son écharpe; quoique, quand il était seul, il montrât devant une glace le poing à un être inconnu qui pouvait bien être le baron; quoique, quand il s'agissait de serrer sa femme contre son cœur, il trouvât dans son bras foulé la même force que dans l'autre, en face des visiteurs qui venaient s'informer de sa santé, en face des officiers de la maison du roi qui venaient lui rendre visite, il feignait une douleur obstinée et faisait des grimaces diaboliques à chaque mouvement imprimé à son bras, volontairement ou involontairement.

Il espérait escamoter ainsi au moins un tour d'escorte.

En conséquence, non-seulement il ne sortait point, mais encore il ne quittait pas la chambre, ne se levait de son lit que pour s'étendre dans une

grande bergère, et retrouvait cette félicité des tête-
à-tête qu'il croyait à tout jamais perdue.

En effet, tandis que le chevalier lisait les jour-
naux, et particulièrement le *Moniteur*, qui était sa
lecture favorite, et dans la placidité duquel il trouvait quelque harmonie avec son caractère, Mathilde, assise auprès de lui, travaillait à un ouvrage
d'aiguille quelconque, bâillant à se démonter la
mâchoire, mais, chaque fois qu'elle bâillait, dissi-
mulait à son mari cette disgracieuse action en levant sa tapisserie à la hauteur de son visage et en
bâillant derrière la toile.

Le 7 mars au matin, Mathilde travaillant à sa
tapisserie, le chevalier étendu dans son fauteuil et
lisant le *Moniteur*, il tomba sur la proclamation
suivante :

PROCLAMATION.

« Nous avions, le 31 décembre dernier, ajourné
les chambres pour reprendre leurs séances au
1er mai ; pendant ce temps, nous nous livrions sans
relâche à tous les travaux qui pouvaient assurer
la tranquillité publique et le bonheur de nos peu-
ples... »

— Ceci, c'est bien vrai, murmura le chevalier,
et, pour mon compte, je n'ai à reprocher qu'une

chose au roi : ce sont ses sorties journalières et sa
manie d'être accompagné d'une escorte.

Puis, il reprit :

« Cette tranquillité est troublée; ce bonheur,
peut-être compromis par la malveillance et la trahison... »

— Oh! oh! fit le chevalier, entends-tu, Mathilde ?

— Oui, répéta Mathilde en étouffant un bâille-
ment, j'entends : « Par la malveillance et la trahison; » seulement, je ne comprends pas.

— Ni moi non plus, répondit le chevalier;
mais nous allons bien voir.

Et il continua :

« Si les ennemis de la patrie ont fondé leur
espoir sur les divisions qu'ils ont toujours cherché
à fomenter, ses soutiens, ses défenseurs légaux
renverseront ce criminel espoir par l'inattaquable
force d'une union indestructible... »

— Certainement, dit le chevalier, on renversera
ce criminel espoir, et moi tout le premier, si mon
bras va mieux.

Puis, se retournant vers Mathilde :

— Comme il écrit bien, le gouvernement! n'est-
ce pas, chérie?

— Oui, dit Mathilde sans desserrer les dents,
de peur, si elle desserrait les dents, de n'être plus
maitresse de sa mâchoire.

— Il est intéressant aujourd'hui, le *Moniteur*,
fit le chevalier.

Et il continua :

« A ces causes, ouï le rapport de notre amé et
féal chancelier de France, le sieur Dambray, commandeur de nos ordres, nous avons ordonné et
ordonnons ce qui suit... »

— Ah ! fit le chevalier, voyons ce qu'ordonne
le roi.

« Article 1er. La chambre des pairs et celle
des députés des départements sont convoquées au
lieu ordinaire de leurs séances.

» Article 2. Les pairs et les députés absents de
Paris s'y rendront aussitôt qu'ils auront connaissance de la présente proclamation.

» Donné au château des Tuileries, le 6 mars 1815,
le vingtième de notre règne.

» (Signé) LOUIS. »

— C'est drôle, dit le chevalier, le roi convoque les chambres, et il ne dit pas pourquoi il les convoque.

— Tu m'as toujours promis de me conduire voir une séance pour me distraire, Dieudonné, dit Mathilde.

— Je t'y conduirai, dit le chevalier.

— Ah! ce sera bien amusant, dit Mathilde bâillant à se fendre la bouche dans l'espoir du plaisir qu'elle y prendrait.

— Ah! mais attends donc, s'écria le chevalier : « Ordonnance; » il y a une ordonnance; cette ordonnance va tout nous dire, peut-être.

Et il lut :

ORDONNANCE.

« Sur le rapport de notre amé et féal chevalier, chancelier de France, le sieur Dambray, commandeur de nos ordres, nous avons ordonné et ordonnons, déclaré et déclarons ce qui suit :

» Art. 1er. Napoléon Bonaparte est déclaré *traître et rebelle* pour s'être introduit à main armée dans le département du Var...»

— Ta ta ta, fit le chevalier, que dit donc là le *Moniteur*? As-tu entendu, Mathilde?

— « Traître et rebelle pour s'être introduit à main armée dans le département du Var; » mais qui cela est traître et rebelle?

— Eh! Napoléon Bonaparte, sac à papier! est-ce qu'ils ne l'avaient pas enfermé dans une île?

— Si fait, reprit Mathilde, dans l'île d'Elbe même.

— Eh bien, alors, il n'a pas pu s'introduire dans le département du Var, à moins qu'il n'y ait un pont conduisant de l'île d'Elbe au susdit département. Continuons, continuons.

« Il est, en conséquence, enjoint à tous les gouverneurs, commandants de la force armée, gardes nationales, autorités civiles, et même aux simples citoyens de lui courir sus... »

— J'espère bien que tu vas te tenir tranquille, dit Mathilde, et ne pas t'amuser à lui courir sus?

— Ce n'est pas tout. Attends donc... attends donc.

Et le chevalier reprit :

« De lui courir sus, de l'arrêter et de le traduire incontinent devant un conseil de guerre, qui, après

avoir reconnu l'identité, prononcera contre lui
l'application des peines portées par la loi. »

En ce moment, le chevalier fut interrompu dans
sa lecture par le bruit que fit la porte de sa chambre à coucher en s'ouvrant, et par la voix de son
domestique, annonçant son frère, le baron de la
Graverie.

Le baron était équipé et armé en guerre, comme
M. de Malbrouck.

Le chevalier pâlit en le voyant apparaître avec
cet air formidable.

— Eh bien, dit le baron, tu sais ce qui se passe?

— J'en ai quelque idée.

— L'ogre de Corse a quitté son île et a débarqué
au golfe Juan.

— Au golfe Juan! Qu'est-ce que c'est que cela?

— C'est un petit port, situé à deux lieues d'Antibes.

— D'Antibes?

— Oui, et je viens te chercher.

— Me chercher, moi! et pourquoi faire?

— Mais n'as-tu pas vu qu'il est enjoint à tous
commandants de la force armée, à tout garde na-
tional, à toute autorité civile et même aux simples
citoyens de lui *courir sus?* Eh bien, je viens te
chercher pour lui *courir sus.*

Le chevalier regarda Mathilde d'un air suppliant ; il reconnaissait humblement dans toutes les grandes circonstances qu'elle avait plus d'imaginative que lui, et il comptait sur elle pour le tirer de là.

Mathilde comprit ce regard de détresse.

— Mais, dit-elle s'adressant au baron, il me semble, beau-frère, que vous oubliez une chose.

— Laquelle?

— C'est que, si vous êtes libre de prendre votre grand sabre et de courir sus à qui vous voulez, Dieudonné ne l'est pas.

— Comment! il ne l'est pas?

— Non; Dieudonné appartient à la maison du roi, il fera ce que fera la maison du roi. Quitter Paris à cette heure, fût-ce pour courir sus à Napoléon, serait déserter.

Le baron se mordit les lèvres.

— Ah! dit-il, il paraît que vous êtes le major général de Dieudonné?

— Non, répondit simplement Mathilde, le major général de Dieudonné est, je crois, le duc de Raguse.

Et elle se remit tranquillement à sa tapisserie, tandis que le chevalier la regardait avec admiration.

— Eh bien, soit, dit le baron, j'irai sans lui.

— Et l'honneur vous en reviendra à vous tout seul, dit Mathilde.

Le baron jeta un regard de haine à la jeune femme, et sortit.

— Que dis-tu de la visite de mon frère ? demanda Dieudonné tout tremblant encore.

— Mais je dis qu'après avoir soutiré de toi la moitié de ta fortune, il ne serait peut-être pas fâché de te faire tuer pour hériter du reste.

Dieudonné fit une grimace qui signifiait : « Tu pourrais bien avoir raison. » Puis il alla à Mathilde et l'embrassa, la serrant contre son cœur à l'étouffer, oubliant qu'il la serrait ainsi avec le bras dont il ne pouvait pas se servir.

Pendant toute la journée, la maison du chevalier ne désemplit pas.

Chaque visiteur parla de l'étrange événement ; personne ne doutait que Napoléon ne fût pris et fusillé au bout de dix lieues.

Mais à cette question adressée vingt fois dans le cours de la journée au chevalier :

— Et vous, qu'allez-vous faire ?

Le chevalier répondit invariablement :

— Je suis de la maison du roi ; ce que fera la maison du roi, je le ferai.

Réponse que chacun trouva d'une convenance parfaite.

Tous les visiteurs, au reste, avaient rencontré le baron avec son grand sabre, et chacun savait qu'il s'apprêtait à courir sus à l'ogre de Corse.

Le même jour, vers deux heures, on apprit que M. le comte d'Artois allait partir pour Lyon, et M. le duc de Bourbon pour la Vendée.

En réponse à cette double nouvelle, Dieudonné annonça, en faisant d'effroyables grimaces, que son bras lui causait des douleurs épouvantables.

Le 8 et le 9, les nouvelles furent vagues.

On rencontrait partout le baron, qui n'attendait pour partir et pour courir sus à Napoléon, que de savoir précisément où il était.

A part les douleurs que lui faisait éprouver son bras, Dieudonné jouissait d'un grand calme.

D'où lui venait cette philosophie? Etait-il de l'école stoïque?

Non.

Mais une idée lui était venue, qui se cramponnait au fond de son esprit avec l'obstination de l'égoïsme.

A peine si nous osons avouer quelle était cette idée.

La Rochefoucault a dit qu'il y avait toujours, dans le malheur même de notre plus grand ami, quelque chose qui ne nous déplaisait pas.

On pourrait ajouter que, dans les plus grands

bouleversements politiques, au milieu des catas-
trophes qui renversent les trônes, les sceptres,
les couronnes, il y a toujours un tout petit point
qui fait que l'homme n'en veut pas trop à la cause
renversante.

Dieudonné avait songé que, si Napoléon remontait sur le trône, Louis XVIII quitterait
Paris; que Louis XVIII, quittant Paris, ne se
promènerait plus de trois à six heures, et que,
Louis XVIII ne se promenant plus, le service de
l'escorte était supprimé.

Donc, plus d'angoisses pendant tout un jour,
plus de transes pendant les trente autres.

A quoi tiennent les opinions, grand Dieu !

Le chevalier avait d'abord écarté cette idée
comme indigne de lui; mais peu à peu elle était
revenue à la charge, et, ayant pénétré dans son
cerveau, elle n'en voulait plus sortir.

Il en résulta que, le 9, quand Dieudonné lut dans
le *Moniteur* que Napoléon entrerait probablement le 10 dans la soirée à Lyon, il ne fut pas si
fortement impressionné de cette nouvelle qu'on
aurait pu le croire.

Le baron avait annoncé que, sachant désormais
où trouver Napoléon, il partirait sans faute le 11 ou
le 12, c'est-à-dire dès que son entrée dans la seconde capitale du royaume se serait confirmée.

Le 15, dans la journée, le bruit se répandit que le duc de Raguse venait d'obtenir du roi que l'on fortifiât les Tuileries et qu'il s'y enfermât avec les ministres, avec les chambres, avec toute sa maison militaire. Les Tuileries pouvaient renfermer trois mille hommes.

Ce fut le baron qui vint annoncer cette nouvelle à son frère, en lui disant qu'il espérait bien le voir faire partie de la garnison.

— Je te croyais parti depuis le 11, lui répondit Dieudonné.

— J'allais partir, en effet, dit le baron, quand j'ai réfléchi que l'on vient de Lyon à Paris par deux routes, la route de Bourgogne et la route du Nivernais ; j'ai craint de prendre une route, tandis qu'il prendrait l'autre.

— C'est une raison, dit Mathilde.

— Oui, et je n'en vois pas, répondit le baron, à ce que mon frère ne se mette pas à la disposition du roi.

— C'est aussi ce qu'il va faire, dit Mathilde. Et elle prit une plume, de l'encre et du papier.

— Que faites-vous ? demanda le baron.

— Vous le voyez, j'écris.

— A qui ?

— Au duc de Raguse.

— Quoi ?

— Que mon mari se met à sa disposition.

— Dieudonné ne sait donc plus écrire ?

— Non, quand il a le bras droit foulé.

Et Mathilde écrivit :

« Monsieur le maréchal.

» Mon mari, le chevalier Dieudonné de la Graverie, quoique assez grièvement blessé au bras
pour que ce soit moi qui vous écrive, a l'honneur
de vous rappeler qu'il fait partie de la maison
rouge du roi. Quelque chose que vous décidiez, il
demande à partager les périls de ses compagnons.

» Son dévouement pour Sa Majesté lui tiendra
lieu de force.

» Il a l'honneur d'être,
» Monsieur le maréchal, etc., etc. »

— Est-ce bien ainsi ? demanda Mathilde au
baron.

— Oui, répondit le baron furieux, c'est à merveille, et Dieudonné est bien heureux d'avoir une
femme comme vous.

— Hein ! fit naïvement Dieudonné, quand je vous
disais que c'était un trésor !

Le baron se retira en disant qu'il allait aux
nouvelles.

Mathilde envoya sa lettre aux Tuileries.

Le 19, à neuf heures du matin, on apprit à Paris que Napoléon était entré le 17 à Auxerre, et qu'il continuait sa marche sur la capitale.

A onze heures, le roi, qui avait repoussé le plan du duc de Raguse, fit venir le maréchal et lui dit :

— Je pars à midi ; donnez des ordres en conséquence à ma maison militaire.

Le duc de Raguse donna ses ordres.

A midi, on annonça chez M. de la Graverie un aide de camp du maréchal.

Le maréchal répondait directement à madame de la Graverie, que le roi, sachant l'accident grave qui faisait garder la chambre à M. de la Graverie, et connaissant ses sentiments de dévouement à l'endroit de la monarchie, lui donnait congé de rester chez lui, sachant parfaitement que, s'il ne le voyait pas en ce moment suprême, cela tenait à la blessure qu'il s'était faite à son service.

— C'est bien, monsieur, répondit Mathilde à l'aide de camp ; dites à M. le maréchal que, dans une heure, M. de la Graverie sera au château.

Dieudonné ouvrait des yeux énormes.

L'aide de camp, émerveillé devant cette héroïne, salua avec admiration et se retira.

Mathilde passa la lettre à Dieudonné.

— Mais, dit-il, le roi me donnait congé, il me semble.

— Oui, dit Mathilde; mais ce sont de ces sortes de faveurs qu'un gentilhomme ne doit pas accepter; il faut accompagner le roi dans sa retraite jusqu'au moment où la terre de France manquera devant lui, dussiez-vous vous faire attacher à votre cheval.

M. de la Graverie était un homme d'un sens droit.

— Vous avez raison, Mathilde, dit-il.

Puis, de la même voix que César eût fait le même commandement :

— Mon harnais et mon cheval de guerre! dit-il.

Une heure après, M. le chevalier de la Graverie était aux Tuileries.

A minuit, le roi partit.

En arrivant à Ypres, le roi le vit et le reconnut; il était resté, lui troisième.

Le roi se fit apporter trois croix de Saint-Louis et les attacha lui-même à l'uniforme de ces trois fidèles.

Puis il les renvoya en France, en leur annonçant qu'il espérait les y revoir bientôt.

Le chevalier avait fait près de cent lieues à cheval, il en avait assez; il vendit son cheval moitié de sa valeur, prit la diligence et revint à Paris.

Il est impossible de donner au lecteur une idée de la majesté du geste avec lequel il montra sa croix de Saint-Louis à Mathilde.

Mathilde était rayonnante.

Dieudonné demanda des nouvelles de son frère.

Il était enfin parti le 17.

Seulement, il était parti pour la Belgique, ne voulant pas rester à Paris, compromis comme il l'était par les dispositions belliqueuses qu'il avait imprudemment manifestées.

VIII

— Où le chevalier de la Graverie fait de nouvelles connaissances. —

On sait les événements qui suivirent le retour de l'île d'Elbe. Dieudonné, rentré dans son appartement de la rue de l'Université, pendit sa croix de Saint-Louis au chevet du lit de sa femme, en souvenir de ce que c'était à elle qu'il la devait.

Il ne fut nullement inquiété pendant les Cent-Jours.

Dieudonné était l'homme le plus heureux qu'il y eût au monde.

Il était chevalier de Saint-Louis et n'était plus mousquetaire !

La seconde Restauration s'accomplit ; le baron rentra à la suite des Bourbons et se réinstalla dans son appartement de la rue de Varennes.

Seulement, il ne vint pas voir son frère. Il regardait comme un grand passe-droit que Dieudonné eût été décoré et que lui ne le fût pas.

Il en résulta que le chevalier de la Graverie, n'ayant plus d'intermédiaire, arrangea directement son affaire avec le roi.

Il obtint de troquer son sabre de mousquetaire contre la baguette de maître des cérémonies, échange qui lui causa une grande joie, cette dernière charge, toute civile et toute pacifique, allant bien mieux à ses goûts que la première.

Mais il arriva qu'une fois débarrassé de son harnais, par une anomalie assez fréquente chez les hommes de son tempérament, le chevalier recherchait avidement la société de ceux qui portaient l'uniforme.

Il semblait avoir pris à tâche de prouver au monde entier, que lui aussi avait eu le chef orné de ce bienheureux plumet, dont il était si incommodé alors qu'il avait le droit de le porter.

Ainsi, lorsqu'il était de service au dîner des Tuileries, il se plaçait de prédilection au milieu des officiers de la maison militaire et les traitait en camarades.

Un jour, il y fit la connaissance d'un capitaine de grenadiers à cheval, lequel, en vertu de la loi des contrastes, lui plut dès la première entrevue.

Ce capitaine était beaucoup plus âgé que M. de la Graverie, qui, à l'époque où nous sommes arrivés, atteignait sa vingt-cinquième où vingt-sixième année : quelques mois séparaient à peine cet officier du jour où l'ordonnance ministérielle le mettrait à la retraite.

Ses cheveux étaient gris et quelques rides précoces sillonnaient son front. Mais d'esprit, de cœur et de caractère, M. Dumesnil — c'était le nom du capitaine — avait toujours vingt ans ; c'était au point qu'il n'y avait peut-être pas dans toute la garde un sous-lieutenant qui pût lutter avec lui, de gaieté, de verve et d'insouciance.

A tous les exercices du corps, d'ailleurs tant négligés par M. de la Graverie, ou plutôt par les vieilles chanoinesses qui avaient fait son éducation, le capitaine Dumesnil était de première force.

Quant à son courage, il était proverbial dans l'armée.

Ces qualités firent sur le chevalier, par cela même qu'il ne les possédait point, une impression très-profonde ; il songea aussitôt qu'un tel ami serait bien précieux dans un intérieur un peu triste, comme l'était le sien ; il espéra qu'il distrairait Mathilde, qui devenait de moins en moins communicative dans le tête-à-tête ; il calcula qu'il profiterait de la bonne humeur qui ne pouvait manquer de venir à sa femme, comme elle lui venait à lui en écoutant les saillies de sa nouvelle connaissance ; en conséquence, il lui fit immédiatement toutes les avances qu'un amoureux pourrait faire à une femme désirée.

Au bout de quelques heures, la liaison était si bien ébauchée, que M. Dumesnil avait accepté de dîner le lendemain chez le chevalier, et cela, sans se faire beaucoup prier.

Le capitaine, disons-le, du reste, en passant, était un des hommes qui prendraient leur couvert chez le diable, s'ils étaient sûrs que le rôti n'y fût pas trop brûlé.

Sans s'en douter, M. de la Graverie était précisément alors dans une des phases les plus critiques de la vie conjugale.

Depuis longtemps déjà, madame de la Graverie s'ennuyait. L'ennui, chez les femmes du tempérament dont était Mathilde, c'est le frisson qui pré-

cède la fièvre. L'année qui avait suivi la seconde
Restauration avait été très-gaie ; la jeune femme
se trouvait rassasiée de bruit, fatiguée de danses,
saturée de coquetterie banale : elle commençait à ne
plus aimer ces sortes de plaisirs pour les plaisirs
seulement ; elle sentait le vide de son cœur, et
madame de la Graverie était comme la nature,
elle avait le vide en horreur.

Elle restait, d'ailleurs, la même, ou à peu près,
pour son mari ; l'habitude, l'influence de l'éducation avaient stéréotypé en elle la femme de ménage
attentive et minutieuse; quel que fût le cours de
ses pensées, elle n'en témoignait pas moins d'attachement à Dieudonné ; mais, au fond, la mélan-
colique tendresse du chevalier agaçait la délicatesse
du système nerveux de sa femme, et les regards
que celle-ci lui jetait sous le titre d'œillades d'a-
mour, commençaient à se charger peu à peu de
cette haine impatiente que les femmes comme elle
portent toujours un peu à un mari qui s'obstine à
ne pas leur laisser le moindre sujet de plainte, et,
par conséquent, pas la plus petite revanche à
prendre.

Or, le jour même où M. de la Graverie introdui-
sait chez lui son ami de la veille, le baron, revenant pour la première fois chez Dieudonné, présentait à sa belle-sœur un jeune lieutenant de

hussards, qui lui était on ne peut plus chaudement recommandé.

Ce jeune hussard était véritablement un des plus charmants officiers qui se pût voir; il avait une taille d'une exiguïté et d'une souplesse toute féminines, une tournure élégante, la moustache galamment retroussée, l'air suffisant; c'était enfin un mannequin accompli, pour faire reluire avantageusement au soleil les tresses d'or d'un dolman ou traîner crânement une sabretache.

On n'a pas assez étudié, et l'on n'étudiera jamais quelle peut être, sur la santé et l'humeur d'une jolie femme, l'influence d'une agréable tournure et d'une humeur joviale. — A dater de ce bienheureux jour où le lieutenant de hussards et le capitaine de grenadiers vinrent s'asseoir au foyer du chevalier de la Graverie, un mieux sensible s'opéra dans l'état de la maîtresse du logis: la pâleur, qui avait momentanément obscurci son teint, s'effaça; le cercle bleuâtre qui amortissait l'éclat de ses yeux, disparut; elle redevint gaie, et elle assaisonna ses prévenances conjugales d'airs souriants qui en doublèrent le charme et le prix.

Le succès involontaire mais visible qu'ils avaient obtenu, attacha singulièrement les deux médecins, malgré eux, à la jolie malade. Ils ne quittèrent plus ses côtés, et quinze jours ne s'étaient point écoulés, qu'ils étaient devenus, non-seulement des commensaux ordinaires, mais quotidiens, de l'hôtel de la Graverie.

On les trouvait sans cesse réunis aux promenades et aux courses ; ils faisaient leurs entrées de compagnie dans les bals et dans les spectacles ; de sorte qu'aussitôt que l'on voyait poindre madame de la Graverie, on pouvait parier que M. de la Graverie venait derrière elle, et, derrière M. de la Graverie, les deux cavaliers servants.

Ce fut le plus extraordinaire peut-être, mais aussi le plus charmant des ménages.

Ce n'était point un ménage à deux comme les ménages vulgaires; ce n'était point un ménage à trois comme on en rencontre à chaque pas en Italie. Non, c'était un ménage à quatre, où figuraient avec les mêmes priviléges, monsieur, l'ami de monsieur et le protégé de madame, tous trois très-élégamment et très-loyalement partagés, recevant chacun avec une scrupuleuse exactitude ce qui lui revenait de sourires, de mercis affectueux et d'œillades reconnaissantes, tous trois acquérant à tour de rôle le droit d'offrir leur bras à la jolie Mathilde et aussi celui de porter son châle, son éventail ou son bouquet à titre de dédommagement.

La justice distributive de madame de la Graverie

était si parfaite, qu'elle ne fit pas un seul jour un jaloux ou un mécontent.

Mais le plus satisfait du trio masculin, le plus reconnaissant non-seulement à Mathilde, mais aux deux autres, était sans contredit Dieudonné, qui ne se sentait pas d'aise lorsqu'il songeait qu'il avait trouvé deux soupapes nouvelles par lesquelles il pouvait épancher le superflu de sa tendresse, qui, aux jours de son isolement, débordait de son cœur.

Comment madame de la Graverie s'y prenait-elle pour maintenir cette égalité d'humeur et cette abnégation dans sa petite·cour ?

C'est, nous l'avouons de bonne foi, un de ces secrets de femme, que, malgré nos études incessantes et réitérées à cet endroit, nous n'avons jamais pénétré.

Et, chose la plus extraordinaire de toutes, c'est que le monde ne médit presque pas de cette étrange agrégation. La jeune Allemande paraissait si candide ; il y avait une telle naïveté même dans ses façons les plus compromettantes avec les deux officiers ; tout en elle était d'un naturel si parfait, que l'on se fût fait accuser d'avoir très-certainement une méchante âme, si l'on eût osé se permettre de hasarder le moindre des soupçons.

Le baron de la Graverie fut l'ange à l'épée flamboyante qui chassa les trois bienheureux de leur paradis.

Une après-midi, Mathilde était légèrement souffrante; M. de Pontfarcy — c'était le lieutenant de hussards — se trouvait être de service; enfin, le chevalier de la Graverie et son ami, le capitaine de grenadiers, se promenaient seuls aux Champs-Élysées.

Bien que le quatuor ordinaire se trouvât considérablement réduit, M. de la Graverie paraissait fort joyeux; il bondissait plutôt qu'il ne marchait, et cela, malgré un embonpoint devenu respectable, eu égard à son âge. Le plus léger incident le faisait rire aux éclats, et il ne cessait de se frotter allègrement les mains, et, suivant les saintes lois de l'amitié, le capitaine Dumesnil partageait en tout point cette heureuse humeur.

Dans leur promenade, ils furent croisés par un homme qui ne semblait pas précisément aussi satisfait de la destinée qu'ils paraissaient l'être.

Cet homme, c'était le baron de la Graverie.

Il marchait la mine si soucieuse, si sombre, le chapeau si complétement rabattu sur les yeux, qu'ils le touchèrent sans le reconnaître.

Mais, lui, se sentant heurté, releva la tête et les reconnut.

— Par la mort-Dieu! je suis aise de vous rencontrer, chevalier, dit le frère aîné en saisissant le bras de son cadet.

— Vraiment! dit celui-ci en faisant une grimace de douleur, tant le baron avait serré fort.

— Oui, j'allais chez vous.

Dumesnil secoua la tête ; il avait le pressentiment d'un malheur.

Mais, revenant rapidement à son humeur joyeuse :

— Eh bien, voyez, dit le chevalier, la bizarre chose, je disais à l'instant même à Dumesnil : « Il faut que tout à l'heure je passe chez mon frère, pour lui annoncer cette heureuse nouvelle. »

— Cette heureuse nouvelle?... répéta le baron avec un sourire lugubre. Ah ! vous avez une heureuse nouvelle à m'apprendre?

— Oui.

— Eh bien, l'échange ne sera pas à votre avantage; car j'en ai, moi, une assez désagréable à vous offrir.

Il était facile de voir, pour un observateur aussi fin que l'était Dumesnil, que cette nouvelle, qui devait être si désagréable au chevalier, réjouissait fort le baron.

Dumesnil frissonna, et, comme le chevalier avait le bras appuyé au bras du capitaine, il frissonna lui-même par sympathie plutôt encore que par pressentiment.

— Mais qu'est-ce donc? murmura le pauvre Dieudonné en blêmissant, tant il était d'avance terrifié par l'éclair de la bombe que le baron allait lancer au travers de son bonheur.

— Rien, pour le moment.

— Comment! rien pour le moment?

— Non, plus tard, je vous dirai cela, quand nous serons chez moi, si vous voulez bien m'y suivre.

Dumesnil vit que le baron désirait parler à son frère en particulier, et, comme le premier n'avait point caché au second que ce qu'il avait à lui dire n'était point agréable à entendre, il aimait autant ne pas assister à l'entretien.

— Pardon, mon cher Dieudonné, dit-il, mais il me revient en mémoire que je suis attendu chez mon colonel.

Et il tendit une main au chevalier, tandis que, de l'autre, il saluait le baron.

Mais Dieudonné, menacé par un malheur inattendu, n'était pas homme à affronter seul ce malheur; il reprit et remit sous son bras le bras que le capitaine venait de lui retirer.

— Bah! fit-il, ce matin encore, vous m'avez dit, mieux que dit, déclaré que vous étiez libre pour

tout le jour; vous resterez, monsieur le discret, et
mon frère parlera devant vous. Que diable! vous
avez accepté la moitié de ma joie tout à l'heure,
c'est bien le moins que vous endossiez votre part
de mon ennui.

— Au fait, dit le baron, je ne sais vraiment pas
pourquoi je laisserais monsieur en dehors d'une
confidence dans laquelle il a son rôle aussi bien
que vous.

Le capitaine Dumesnil releva la tête, comme fait
un cheval au bruit du clairon, et rougit légèrement.

— Au diable soit le vieux voltigeur qui nous
aura gâté notre journée! murmura-t-il à l'oreille
de Dieudonné.

Puis, tout haut, d'un ton qui tenait à la fois de
la prière et de la menace :

— Monsieur le baron a sans doute bien réfléchi
à ce qu'il allait entreprendre, dit-il; cependant, je
me permettrai de lui faire observer que les confi-
dences dont je parle sont parfois aussi dangereuses
pour celui qui les fait, que douloureuses à celui à
qui elles sont faites.

— Monsieur, répondit sèchement le baron, je
sais à quoi mes devoirs de chef de la famille de la
Graverie m'obligent, et je suis seul juge de ce que
mon honneur commande.

— Que veut dire tout ceci, mon Dieu? murmurait le pauvre chevalier en secouant la tête; Dumesnil a l'air très au courant de ce que me veut dire mon frère, et il ne m'en a pas parlé. Allons, mon cher baron, déboutonnez-vous tout de suite; la perplexité dans laquelle vous nous avez mis est plus douloureuse que ne le sera, j'en suis bien certain, ce que vous avez à m'apprendre.

— Suivez-moi donc chez moi, alors, dit le baron.

Et tous deux, redescendant les Champs-Elysées, marchèrent à ses côtés, et, par le pont de la Concorde et la rue de Bourgogne, arrivèrent à la rue de Varennes, demeure du baron.

Tous trois étaient si préoccupés, que, pendant cette longue course, pas un ne rompit le silence.

L'anxiété du pauvre Dieudonné redoubla lorsqu'il vit son frère aîné les faire entrer dans le cabinet le plus reculé de son appartement et en fermer soigneusement la porte.

Quand il eut pris ces soins préliminaires pour assurer le secret de la conférence, le baron tira solennellement une lettre de sa poche et la présenta de la main droite à son cadet, tandis que, de la gauche, étreignant la main de celui-ci, il murmurait d'un air profondément compatissant :

— Pauvre frère! pauvre frère! malheureux chevalier!

Cet exorde était si lugubre, que Dieudonné
hésita à prendre le papier.

Cette seconde d'hésitation suffit à Dumesnil pour
jeter les yeux sur le pli et pour en reconnaître
l'écriture fine et déliée. Avant que le chevalier eût
pris une décision, le capitaine de grenadiers saisit
la lettre.

— Par le sang-Dieu ! dit le capitaine, il ne la lira
pas, votre lettre, monsieur le baron.

Puis, se redressant, serrant le ceinturon de son
habit d'un cran et entraînant M. de la Graverie aîné
dans un coin de la chambre :

— J'accepte vos reproches, monsieur, j'assume
toutes les conséquences de ceci sur moi ; mais je
ne laisserai pas mettre au laminoir le bonheur de
votre pauvre frère ; il y a des gens qui ont besoin
de rêver pour exister ; pensez-y.

Puis, plus bas :

— Au nom du ciel, monsieur, laissez vivre le
pauvre agneau, qui est bien fait de la meilleure
pâte dont le ciel ait jamais fait cadeau à la terre.

— Non, monsieur, non, répondit le baron en
élevant la voix, non, les questions d'honneur dominent toutes les autres dans nos familles.

— Bon ! bon ! dit le capitaine en ayant l'air de
tourner la chose en plaisanterie, il en est un peu de
l'honneur comme du mari outragé, convenez-en :

il est sauf quand cela s'ignore, et à peine égratigné quand cela s'apprend.

— Mais, monsieur, il y a un coupable, dont il ne faut pas encourager l'impunité.

Le capitaine saisit le poignet du baron.

— Et qui diable vous demande grâce ? dit-il avec un regard flamboyant ; est-ce que vous ne comprenez pas que je me mets à votre disposition, monsieur ?

— Non, continua le baron en élevant de plus en plus la voix ; non, il importe que Dieudonné sache que son indigne femme et son non moins indigne ami...

Le capitaine devint pâle comme un cadavre, et essaya de couvrir avec sa main la bouche du baron.

Mais il était trop tard, le chevalier avait entendu.

— Ma femme ! s'écria-t-il, Mathilde, elle m'aurait trompé, elle ? Allons donc ! c'est impossible.

— Allons, fit le capitaine, il en est arrivé à ses fins, le bandit.

Et, haussant les épaules, il lâcha le baron et alla s'asseoir dans un coin de l'appartement, en homme qui a fait tout ce qu'il a pu pour empêcher une catastrophe, mais qui, la voyant arriver malgré ses efforts, s'y résigne patiemment.

— Impossible? releva le baron sans faire atten-

I. 8

tion à l'accent lamentable avec lequel son frère avait prononcé ces mots. Si vous ne me croyez pas, priez monsieur de vous rendre la lettre dont il s'est emparé, au mépris des convenances et du savoir-vivre, et vous y verrez la preuve de votre déshonneur.

Le capitaine Dusmesnil, assis dans son coin, semblait impassible à la surface; mais il mordait sa moustache en homme qui n'est point aussi calme qu'il voudrait le paraître.

Pendant ce temps, Dieudonné devenait de plus en plus pâle; les quelques mots qu'il laissa échapper expliquaient cette pâleur croissante.

— Mon déshonneur! répéta-t-il, mon déshonneur! mais alors, frère, mon enfant...?

Le baron éclata de rire.

— Cet enfant, continua le chevalier, comme s'il n'eût pas entendu le rire sarcastique de son frère, cet enfant dont je me promettais tant de joie, depuis deux jours que Mathilde m'en a parlé; cet enfant, dont je rêvais tout éveillé et auquel je pensais endormi; cet enfant, que je voyais déjà dans son berceau avec sa petite figure d'ange, rose et blanche; cet enfant, dont le doux gazouillement bruissait d'avance à mon oreille; cet enfant ne m'appartiendrait pas?... Oh! mon Dieu! mon Dieu! continua-t-il avec une voix qui se fondait en sanglots, je perds à la fois ma femme et mon enfant !

Le capitaine se leva comme pour aller prendre le chevalier entre ses bras ; mais il se rassit aussitôt, et, au lieu de mordre ses moustaches, commença de se mordre les poings.

Mais, comme s'il ne voyait ni la douleur de son frère, ni la colère du capitaine :

— Oui, répliqua brutalement le baron ; car cette lettre, que le hasard a mise dans mes mains, que je désirais vous communiquer, et dont s'est emparé le capitaine Dumesnil, contient les félicitations que votre femme adresse à son amant, à propos de cette future maternité.

Le pauvre Dieudonné ne répondit point ; il était tombé à genoux, s'était caché le visage entre ses mains et faisait entendre des sanglots convulsifs.

Le capitaine Dumesnil ne put supporter plus longtemps cette scène.

Il se leva et, marchant droit au baron :

— Monsieur, lui dit-il à demi-voix, en ce moment, comme vous le comprenez bien, puisque vous avez fait tout ce que vous avez pu pour cela, je ne m'appartiens plus ; mais, lorsque monsieur votre frère aura reçu la satisfaction qui lui est légitimement due, je pourrai qualifier votre con-

duite comme elle le mérite, et croyez bien que
je n'y manquerai pas.

Et, en achevant cette phrase, l'officier salua, et
se dirigea vers la porte.

— Vous vous en allez, monsieur? lui dit le
baron.

— Je vous avoue, répondit le capitaine, que je
ne me sens pas la force de supporter cette effroyable scène.

— Allez-vous-en, soit! mais rendez-moi la lettre
de madame de la Graverie.

— Et pourquoi donc vous la rendrais-je? demanda le capitaine avec hauteur et en fronçant le
sourcil.

— Mais par cette raison bien simple qu'elle ne
vous est point adressée, reprit le baron.

Le capitaine se retint à la muraille, il avait failli
tomber.

En effet, le capitaine, le lecteur a dû le comprendre, avait pensé jusqu'alors que l'accusation lui
donnait dans toute cette affaire un rôle plus actif
que celui qui venait de lui être fait par le baron.

Il prit vivement la lettre, qu'il avait placée dans
une de ses poches, la déplia et en lut les premières
lignes.

Au geste qui lui échappa, au mouvement de sa
physionomie, le baron devina tout.

— Vous aussi! s'écria-t-il en frappant ses mains l'une contre l'autre; vous aussi ! Eh bien, alors, elle est encore d'un tiers plus coquine que je ne le pensais.

— Oui, monsieur, moi aussi, dit le capitaine en baissant la voix.

— Comment?

— Oui, moi aussi, je suis un misérable, aussi misérable qu'elle pour avoir trompé ce brave, ce digne, ce loyal garçon; mais dites-lui, lorsqu'il sera revenu à lui...

Mais Dieudonné, qui, pendant ce temps-là, était sorti de sa torpeur, l'interrompit.

— Dumesnil! s'écria-t-il, Dumesnil! ne m'abandonne pas, mon ami; songe que je n'ai plus au monde que ton amitié pour me secourir et me consoler.

Le capitaine, retenu par son remords, hésitait.

— Oh! mon Dieu! mon Dieu! s'écria le pauvre chevalier en se tordant les mains, l'amitié n'est-elle donc qu'un mot, comme l'amour?

Le baron fit un mouvement pour s'avancer vers son frère.

Ce mouvement décida le capitaine.

Il saisit le bras du frère aîné avec une force qui arracha une crispation de douleur à ce dernier, et, à demi-voix, les yeux dans les yeux :

— Pas un mot de plus, monsieur, lui dit-il impérieusement; voici la première fois qu'une faute de ce genre me laisse quelque regret; mais celui que me donne cette faute est si cuisant, que je ne sais, je vous le jure, si j'aurai assez de toute ma vie pour la racheter; je l'essayerai pourtant, monsieur, et cela, en me dévouant à votre frère, en lui donnant les soins et la tendresse sans lesquels il ne peut plus vivre. Taisez-vous donc, monsieur; il n'est ni en votre pouvoir, ni au mien d'annihiler le passé, mais ne déchirez pas davantage ce pauvre cœur.

— Tout me sera bon, monsieur, répliqua aigrement le baron, pour amener mon frère à chasser une femme qui le déshonore, et à répudier un enfant qui vient voler une fortune qui appartient à d'autres.

— Oh! dites qui vous appartient, ce sera plus franc, et alors, au point de vue de l'égoïsme, votre conduite sera peut-être excusable, répondit le capitaine en jetant sur le baron un regard de mépris; soit; mais la lettre que madame de la Graverie écrivait à M. de Pontfarcy suffira pleinement pour obtenir, même judiciairement, ce que vous souhaitez.

— Alors, rendez-moi cette lettre.

Dumesnil réfléchit un instant.

Puis :

— Je le veux bien, dit-il; mais j'y mets une condition.

— Une condition?

— Oh! c'est à prendre ou à laisser, monsieur, dit le capitaine avec impatience et en frappant du pied; ainsi dépêchons. Votre parole, ou je déchire cette lettre.

— Cependant, monsieur!

Le capitaine fit le geste de déchirer le papier.

— Monsieur, sur ma foi de gentilhomme...

— De gentilhomme! murmura Dumesnil avec un accent de souverain mépris; eh bien, oui, sur votre foi de gentilhomme! puisque l'on est encore gentilhomme, à ce qu'il paraît, en faisant de pareilles choses, jurez-moi que vous ne direz jamais à votre frère qu'il a été trompé à la fois par les deux hommes qu'il appelait ses amis; jurez moi, enfin, que vous n'entraverez pas l'expiation à laquelle je veux consacrer le temps qui me reste à vivre.

— Je vous le jure, monsieur, dit le baron dévorant des yeux la précieuse lettre.

— A merveille. Et je compte si bien que vous tiendrez votre serment, que je ne vous dis pas ce que je compte faire si vous y manquez.

Et le capitaine remit au baron la lettre écrite par Mathilde à M. de Pontfarcy.

Puis, s'avançant vers le chevalier toujours affaissé sur lui-même :

— Allons, Dieudonné, lui dit-il, relève-toi, et appuie-toi sur ma poitrine; nous sommes des hommes.

— Oh! merci, merci, dit le chevalier en se relevant avec effort, et en s'abandonnant dans les bras du capitaine; tu ne me quitteras point, toi, n'est-ce pas?

— Non, non, murmurait le capitaine caressant son ami comme il eût fait d'un enfant.

— Oh! vois-tu! continua le chevalier d'une voix entrecoupée par les sanglots, c'est que j'ai peur de devenir fou, tant je suis effrayé de l'avenir qui s'ouvre devant moi, tant je suis certain que la comparaison du passé au présent va me rendre l'existence odieuse.

— Allons, dit le baron, du courage! la meilleure des femmes ne vaut pas la moitié des larmes que tu verses depuis un quart d'heure, à plus forte raison une drôlesse.

— Oh! vous ne savez pas, vous ne savez pas, interrompit le pauvre Dieudonné, ce que cette femme était pour moi! Vous, vous avez les salons, vous avez la cour, vous avez l'ambition qui vous

occupe, vous avez les honneurs que vous pour-
suivez, vous avez les plaisirs qui tiennent leur place
dans votre cœur avec les commérages des deux
chambres ; vous avez les promotions, les distinc-
tions qu'obtiennent vos rivaux. Moi, je n'avais
qu'elle ; elle était toute ma vie, toute ma joie, toute
mon ambition sur la terre. Les paroles qui sortaient
de sa bouche étaient les seules auxquelles je trou-
vasse une valeur ; et, à présent que je sens que
tout cela manque tout à coup sous mes pieds, il me
semble que je vais entrer dans un désert sans eau,
sans soleil et sans lumière, où le temps ne marquera
plus que par mes douleurs ! Oh ! mon Dieu ! mon
Dieu !...

— Bah ! dit le baron, chansons que tout cela !

— Monsieur !... fit le capitaine presque menaçant.

— Oh ! vous ne m'empêcherez pas de dire à mon
frère, répéta le baron ne perdant pas de vue son
héritage, vous ne m'empêcherez pas de lui dire
qu'il doit au nom qu'il porte, de ne pas le laisser
avilir ; en cessant d'estimer une femme indigne de
vous, vous cessez de l'aimer.

— Sophisme, paradoxe, erreur que tout cela,
mon frère ! s'écria le chevalier avec le désespoir
dans le cœur ; dans ce moment même, voyez-vous,
dans ce moment où sa faute me brise le cœur, où

la honte empourpre mon front, eh bien, dans ce moment, je l'aime! je l'aime!

— Ami, murmura le capitaine, il faut être homme, il faut vivre.

— Vivre! pourquoi faire maintenant?... Ah! oui, pour me venger, pour tuer son amant; oui, selon la loi du monde, selon le code de l'honneur, il faut maintenant que, lui ou moi, nous mourions, parce que Dieu l'a faite femme, c'est-à-dire lâche et perfide, et, parce que, lâche et perfide, elle a forfait à sa foi; une mort d'homme est devenue nécessaire, et tout cela pour le monde, pour l'honneur, comme si le monde s'inquiétait de la façon dont on me ravit ma joie, comme si l'honneur se souciait de mon infortune ou de ma félicité. Mais le monde et l'honneur se soucient d'une chose, par exemple: c'est du sang. Peu leur importe celui qui doit être répandu à la suite de l'offense.

— Auriez-vous peur, mon frère? demanda le baron.

Le chevalier regarda son frère avec une expression désespérée.

— Je n'ai peur que d'être celui qui tuera..., dit-il.

Et il prononça ces paroles avec une animation et une énergie qui prouvaient combien il avait dit la vérité.

Puis, faisant un effort, et posant sa main sur l'épaule du capitaine :

— Allons, mon pauvre Dumesnil, lui dit-il, aide-moi à me venger, puisque je ne puis laisser le soin de ma vengeance à Dieu, sans être accusé d'être un lâche.

Et, se retournant vers son frère :

— Baron, lui dit-il, je vous engage ma foi que, demain, à pareille heure, de M. de Pontfarcy ou de moi, l'un sera mort. Est-ce tout ce que vous exigez comme représentant de l'honneur de la famille?

— Non; car je connais votre faiblesse, mon frère. Je demande un pouvoir pour suivre juridiquement votre séparation contre votre indigne femme.

— Et ce pouvoir, vous l'avez là, sans doute, mon frère, tout préparé, tout rédigé?

— Il n'y manque que votre signature.

— Je m'en doutais... Une plume, de l'encre, le pouvoir.

— Voilà ce que vous demandez, mon cher Dieudonné, dit le baron présentant à son frère d'une main le pouvoir, et de l'autre une plume trempée dans l'encre.

Le chevalier signa sans faire entendre une plainte, sans pousser un soupir.

Seulement, la signature était tellement tremblée, qu'elle était à peine lisible.

— Mille tonnerres! dit le capitaine en entraînant son ami et en jetant un dernier regard sur le baron, on en a pendu, et un bon nombre, qui ne l'avaient pas tant mérité que celui-là!

IX

— Un cœur brisé. —

A la porte de la rue, il y eut presque une lutte entre le chevalier et son ami.

Le chevalier voulait tourner à gauche, le capitaine essayait de l'entraîner à droite.

Dieudonné voulait absolument rentrer chez lui, reprocher à Mathilde sa trahison, lui dire un dernier adieu.

Le capitaine, au contraire, avait, dans l'intérêt de son ami et dans le sien propre, d'excellentes raisons pour s'opposer à cette entrevue.

Il employa donc toute son éloquence pour faire renoncer Dieudonné à son projet; mais ce ne fut pas sans peine qu'il obtint que, au lieu d'aller à son hôtel, le chevalier de la Graverie viendrait habiter pendant quelques jours son modeste logement.

Une fois qu'il l'eut installé dans sa petite chambre, le capitaine dévêtit son uniforme, s'habilla de noir et prit ses dispositions pour sortir.

Le pauvre chevalier était tellement abîmé dans sa douleur, qu'il ne s'aperçut de l'intention de son ami qu'au moment où celui-ci ouvrait la porte.

Il étendit vers lui les mains comme eût fait un enfant.

— Dumesnil, dit-il, tu vas me laisser seul?

— Pauvre ami, dit le capitaine, as-tu déjà oublié que tu as à demander compte à quelqu'un, je ne dirai pas de ton honneur, mais de son honneur?

— Oh! je l'avoue, oui, je l'avais oublié. Dumesnil! Dumesnil! je pensais à Mathilde.

Et le chevalier se remit à fondre en larmes.

— Pleurez, pleurez, mon ami, disait le capitaine; le bon Dieu, qui fait bien tout ce qu'il fait, a mis au cœur des êtres bons et faibles de larges soupapes pour épancher une douleur qui, sans cela, les tuerait. Pleurez! oh! ce n'est pas moi qui vous dirai de refouler vos larmes.

— Eh bien, allez, mon ami, dit le chevalier; allez, je vous remercie de m'avoir rappelé à mon devoir.

— J'y vais.

— Une seule recommandation.

— Laquelle?

— Tâchez que cela ne traîne pas en longueur; faites, si c'est possible, que la chose soit pour demain matin.

— Soyez tranquille, mon ami, dit le capitaine en serrant le chevalier contre son cœur; j'aurai même bien du malheur si tout n'est pas fini pour ce soir.

Le chevalier resta seul.

Et c'est ici que nous nous arrêtons pour demander bien humblement pardon à nos lecteurs.

Nous leur avons dit, en commençant, que ce livre n'était point un roman comme les autres.

En voici bien la preuve.

Tous les héros de roman sont beaux, grands, élancés, bien faits de taille, braves, intelligents, spirituels.

Ils ont de beaux cheveux noirs ou blonds, de grands yeux noirs ou bleus.

Ils ont une susceptibilité qui, au moindre outrage, leur fait porter la main à la poignée de leur épée ou au pommeau de leur pistolet.

Enfin, ils sont fermes dans leur résolution si la haine chez eux appelle la haine; l'amour, l'amour.

Notre héros n'est rien de tout cela : il est plutôt laid que beau, plutôt petit que grand, plutôt grassouillet que mince, plutôt poltron que brave, plutôt naïf qu'intelligent.

Il n'a les cheveux ni noirs ni blonds : il les a jaunâtres ; il n'a les yeux ni noirs ni bleus : il les a verts.

L'outrage qui lui a été fait est grand, et cependant, comme il l'a dit, il se battra, mais seulement parce que le monde l'exige.

Enfin, il est irrésolu, et — au lieu de haïr — il aime encore celle qui l'a trompé.

Depuis longtemps, il nous semblait que l'on déshéritait trop les humbles de la création, du droit d'aimer et de souffrir. Il nous semblait qu'il n'était pas absolument nécessaire d'être beau comme Adonis et brave comme Roland, pour avoir droit aux paroxysmes suprêmes de l'amour et de la douleur.

Et, comme nous cherchions dans notre imagination un rêve auquel donner la vie, voici que le hasard nous a fait, au beau milieu de ce monde, rencontrer justement l'homme que nous cherchions :

Le pauvre chevalier de la Graverie.

Lui était un exemple que, sans être en rien ni physiquement ni moralement un héros de légende, on peut souffrir toutes les douleurs humaines renfermées dans ces quelques mots : il aimait, il a été trompé.

. Aussi, resté seul, au lieu de prendre la pose d'Antony ou de Werther, Dieudonné s'abandonnat-il tout simplement, tout naturellement, à son désespoir.

Il se promenait dans sa chambre, en long, en large, en diagonale, en appelant Mathilde, non pas ingrate, perfide, cruelle, mais des plus doux et des plus charmants noms qu'il avait l'habitude de lui donner; il lui adressait des reproches comme si elle eût pu l'entendre. Il cherchait, afin de s'en prendre à lui-même, s'il ne lui avait pas donné quelque motif de plainte qui pût justifier sa trahison. Il essuyait ses larmes pour avoir l'instant d'après à les essuyer encore.

Eh bien, nous l'avouons, voilà de ces douleurs qui ont toutes nos sympathies; cette faiblesse de l'homme qui garde l'impuissance de l'enfant, est déchirante, en ce que l'on devine que, ne trouvant point de consolation en elle-même, elle n'en cherchera même point dans les autres; pour elle, alors, tout dépend de Dieu; non pas que cette faiblesse ait la foi; non pas qu'elle dise : « Vous m'aviez donné mon bonheur, vous me l'avez repris; soyez béni, mon Dieu! » mais parce qu'elle dit : « Qu'a-

vais-je fait pour tant souffrir? Mon Dieu! mon
Dieu! ayez pitié de moi! »

Or, savez-vous quelle était la pensée qui dominait chez ce malheureux, si cruellement trahi par
sa femme?

C'était de revoir Mathilde, une fois, une seule
fois encore.

C'était de lui dire tous ces reproches qui l'étouffaient.

C'était...

Qui sait? peut-être se justifierait-elle!

Après mille doutes, mille hésitations, il parut
tout à coup prendre un parti et se précipita vers la
porte.

Mais il s'aperçut, à la résistance du pêne, que
son ami l'avait enfermé à double tour.

Il courut à la fenêtre, et se mit à maudire son
ami.

Cela lui fit quelque bien d'avoir à maudire autre
chose que Mathilde.

Tout à coup, il pensa qu'en appelant par la fenêtre, le concierge viendrait, et, ayant, sans doute,
une double clef de l'appartement, pourrait lui
ouvrir.

Il ouvrit la fenêtre et appela.

La cour resta déserte.

A mesure que les difficultés se plaçaient entre le

chevalier et son désir de revoir Mathilde, ce désir devenait plus grand.

— Oùi, oui, oui, disait-il tout haut, il faut que je la revoie, et je la reverrai !...

Puis, il criait :

— Mathilde ! Mathilde ! Mathilde ! chère Mathilde !

Et, les bras tordus, il se roulait sur le tapis.

Tout à coup, il se releva et chercha des yeux.

Ses yeux s'arrêtèrent sur le lit ; c'était cela qu'il cherchait.

Il s'y précipita comme un tigre sur sa proie ; il en arracha les draps, les déchira en bandes et commença de nouer ces bandes les unes au bout des autres.

Cet homme qui, à dix ans, appelait sa tante pour l'aider à descendre un escalier, qui avait le vertige quand il montait à cheval, cet homme, sans aucun débat avec lui-même, avait résolu de descendre avec des draps déchirés d'une fenêtre du second étage.

Aussi, la besogne achevée, alla-t-il droit à la fenêtre.

En allant à la fenêtre, il passa devant la porte.

Il s'arrêta, essaya encore, mais inutilement, de l'ouvrir ; il pesa dessus de toute sa force ; mais la porte était solide, elle résista.

— Allons ! dit-il.

La nuit était venu, sinon la nuit, au moins le crépuscule.

Et il noua sa corde par une des extrémités à la barre de la fenêtre.

Il regarda et se rejeta en arrière ; la hauteur de la croisée lui donna le vertige.

— J'ai le vertige parce que je regarde, dit-il ; en ne regardant pas, je ne l'aurai plus.

Et il ferma les yeux, enjamba la fenêtre, se cramponna des deux mains aux draps et commença de descendre.

A la hauteur du premier étage, c'est-à-dire à mi-chemin, le chevalier entendit un craquement au-dessus de sa tête ; puis, tout à coup, n'étant plus soutenu par rien, il tomba de tout son poids de la hauteur de quinze pieds.

L'échelle s'était rompue, soit que le nœud eût été mal fait, soit que les draps, vieillis et amincis en bandes, n'eussent pas eu la force de porter un homme.

Le premier sentiment du chevalier fut d'être joyeux de se trouver à terre.

Il n'avait éprouvé qu'une violente secousse par tout le corps, mais pas de douleurs locales.

Il essaya de se relever, mais retomba.

Sa jambe gauche ne pouvait pas le porter.

Elle était brisée à trois pouces au-dessus de la cheville.

Il n'en essaya pas moins de marcher.

Mais ce fut alors qu'il éprouva une douleur effroyable, si effroyable, qu'il poussa un cri, lui qui n'avait pas crié en tombant.

Puis tout sembla tourner autour de lui ; il chercha le mur pour s'y appuyer ; le mur tournait comme tout le reste.

Il sentit que le sentiment lui échappait.

Il prononça encore une fois le nom de Mathilde, dernier éclair de sa raison ou plutôt de son cœur, et s'évanouit.

A ce nom, il lui sembla qu'une femme répondait en venant à lui, et que cette femme, c'était Mathilde.

Mais l'âme était déjà voilée d'un trop épais nuage pour rien distinguer avec certitude ; le chevalier tendit les bras vers l'image chérie, sans savoir si c'était un rêve ou une réalité.

Cette femme, c'était, en effet, Mathilde, qui, ignorant complétement les événements de la journée et n'ayant pas vu rentrer Dieudonné, avait attendu le crépuscule, et, jetant un voile sur son chapeau, avait d'abord couru chez M. de Pontfarcy.

M. de Pontfarcy était absent.

Elle avait alors couru chez M. Dumesnil.

Elle traversait la cour pour gagner l'escalier secondaire qui conduisait au modeste appartement du capitaine, quand elle avait entendu un cri, puis vu un homme qui chancelait comme s'il était ivre, et qui, finalement, était tombé en appelant Mathilde.

Alors seulement, elle avait reconnu son mari.

Elle se précipita vers lui, prenant ses mains dans les siennes et l'appelant :

— Dieudonné ! cher Dieudonné !

A cette voix, qui l'eût fait tressaillir dans sa tombe, Dieudonné ouvrit les yeux, et une expression indicible de joie et de bonheur se peignit sur son visage.

Il voulut parler ; mais la voix lui fit défaut, ses yeux se refermèrent, et Mathilde ne put entendre qu'un long et douloureux soupir.

En ce moment, un troisième personnage vint se mêler à la scène.

C'était le capitaine Dumesnil.

Il vit Dieudonné évanoui, Mathilde pleurant, un fragment de drap pendant à la fenêtre.

Il comprit tout.

— Ah ! madame, lui dit-il, il ne vous manquait plus que d'être cause de sa mort, à lui aussi.

— Comment ! à lui aussi ? demanda Mathilde ; que voulez-vous dire ?

— Je veux dire que cela fera deux.

Et le capitaine jeta sur le pavé de la cour une paire d'épées qui y rebondirent en résonnant.

Puis il prit entre ses bras Dieudonné, comme il eût pris un enfant, et le monta chez lui.

Mathilde les suivit en sanglotant.

Tout évanoui qu'il était, Dieudonné avait un vague sentiment de la scène qui s'accomplissait.

Il lui semblait reconnaître la chambre du capitaine; on l'y déposait sur le lit veuf de draps; il entendait bruire à son oreille la voix ferme et accentuée de Dumesnil; la voix douce et caressante de Mathilde alternait avec elle.

Elle appelait le capitaine : Charles !...

Alors, il sembla toujours au blessé que, dans son délire, il assistait à une scène étrange; cette scène se passait entre son ami et sa femme; d'après ce qu'il entendait ou plutôt ce qu'il croyait entendre, le capitaine, lui aussi, le trompait. Seulement, le capitaine maudissait celle qui lui avait fait commettre ce qu'il considérait aujourd'hui comme un crime, et lui signifiait qu'il allait essayer de racheter ce crime en se consacrant corps et âme à sa victime.

Quant à Mathilde, elle était à genoux devant son lit; elle lui tenait, lui serrait, lui baisait les mains, demandait grâce tantôt à Dumesnil, tantôt à lui, reconnaissant aussi sa faute, et jurait de l'expier, de son côté, par une vie d'austérité et de pénitence.

Puis le murmure des voix s'éteignit dans ce sourd grondement que fait le sang aux oreilles, lorsque, cataracte orageuse, il se précipite vers le cœur, et le chevalier de la Graverie perdit complétement connaissance.

Lorsqu'il revint à lui, il se sentit la jambe prise dans des éclisses. Il se retrouva dans la chambre du capitaine, et, à la lueur de la lampe qui brûlait sur sa table de nuit, il reconnut ce dernier assis au pied de son lit.

— Et Mathilde, demanda-t-il après avoir regardé par tout le reste de la chambre, où est-elle ?

A cette question, le capitaine bondit sur sa chaise.

— Mathilde ! Mathilde ! balbutia-t-il ; pourquoi demandez-vous Mathilde ?

— Où est-elle allée ?... Elle était là, tout à l'heure.

Si Dieudonné avait regardé en ce moment l'honnête figure de son ami, il eût pu croire que celui-ci allait s'évanouir à son tour, tant il était pâle.

— Mon ami, dit Dumesnil, tu as le délire : jamais ta femme n'est venue ici.

Dieudonné regarda Dumesnil avec des yeux brillants de fièvre.

— Et, moi, je te dis qu'elle était là tout à l'heure, à genoux, pleurant et me baisant les mains.

Le capitaine fit un effort pour mentir.

— Tu es fou ! dit-il ; madame de la Graverie est bien certainement chez elle, ignorant tout ce qui s'est passé, et elle n'a eu, par conséquent, aucune raison pour venir chez moi.

Le chevalier laissa retomber avec un profond gémissement sa tête sur son oreiller.

— Et cependant, dit-il, j'aurais juré qu'elle était là il n'y a qu'un instant, qu'elle s'accusait en sanglotant, qu'elle... qu'elle t'appelait.

Quelque chose comme un éclair traversa le cerveau du malheureux.

Il se redressa, presque menaçant.

— Comment vous appelez-vous ? demanda-t-il à son ami.

— Mais tu le sais bien, à moins que le délire ne te reprenne, dit Dumesnil.

— Mais de votre petit nom ?...

Le capitaine comprit.

— Louis, dit-il ; ne t'en souviens-tu pas ?

— C'est vrai, dit Dieudonné.

Et, en effet, c'était le seul prénom sous lequel

il avait connu le capitaine, qui se nommait Charles-Louis Dumesnil.

Puis, réfléchissant que, dans son inquiétude, sa femme eût au moins dû venir s'informer :

— Mais, si elle n'est point ici, murmura-t-il douloureusement, où est-elle donc?

Puis il ajouta si bas, qu'à peine Dumesnil put-il l'entendre :

— Chez M. de Pontfarcy, sans doute.

Et, à cette idée-là, sa colère se ranima.

— Ah ! dit-il, tu sais, Dumesnil, qu'il faut que je le tue ou qu'il me tue.

— Il ne te tuera pas, et tu le tueras encore moins, répondit le capitaine d'une voix sourde.

— Et pourquoi cela ?

— Parce qu'il est mort.

— Mort ! et comment?

— D'un coupé dégagé donné en quarte et reçu en pleine poitrine.

— Et qui l'a tué ?

— Moi, donc !

— Vous, Dumesnil ! et de quel droit?

— Du droit que j'avais de t'empêcher de courir à une mort certaine, mon pauvre grand enfant; ton frère portera peut-être le deuil de ta vie, mais tant pis !

— Et tu t'es battu, malheureux, en lui disant

que tu te battais pour moi, et parce que Mathilde
me trompait?

— Oh ! sois donc tranquille, je me suis battu
avec M. de Pontfarcy parce qu'il buvait son ab-
sinthe pure, et que je ne puis souffrir les gens
qui ont cette horrible habitude.

Le chevalier jeta ses deux bras au cou du capitaine et l'embrassa avec une effusion sans réserve, en murmurant :

— Décidément, j'avais rêvé !

Mais celui-ci, pour lequel cette exclamation
était un nouveau remords, se débarrassa doucement de cette étreinte, et alla s'asseoir silencieux
dans un coin de l'appartement.   .

— Oh ! Mathilde ! Mathilde ! murmura le chevalier.

X

— Où il est démontré que les voyages forment la
jeunesse. —

Il était décidé que le chevalier resterait pendant tout le temps de sa convalescence chez le
capitaine Dumésnil.

Il est vrai que le capitaine n'avait consulté que lui-même pour prendre cette décision.

Il laissa le blessé sur son lit et s'accommoda du canapé. Pour un homme qui avait fait à peu près toutes les campagnes de l'Empire, ce n'était point un bivac trop fatigant.

Le chevalier ne dormit point : toute la nuit, il s'agita dans son lit, étouffant ses sanglots, mais faisant entendre des soupirs désespérés.

Le lendemain, Dumesnil essaya de le distraire : il lui parla de plaisirs, d'études, de nouvelles affections ; mais le chevalier de la Graverie ne répondait jamais autrement qu'en parlant de Mathilde et de son désespoir.

Dumesnil jugea sainement que le temps seul pouvait guérir Dieudonné de son chagrin, et que, pour le rendre supportable, il était nécessaire de dépayser le malade aussitôt que son état le permettrait.

Tout entier à la tâche à laquelle il s'était voué, le capitaine, pour lequel l'âge de la retraite était déjà arrivé depuis quelque temps, fit les démarches voulues pour quitter le service et faire liquider sa pension.

Puis, six semaines après l'accident, et comme son ami commençait à marcher, sa fracture ayant été simple et la convalescence sans entrave, Dumesnil pria le chevalier de la Graverie de l'accompagner au Havre, où il avait affaire, lui disait-il. Arrivé là, comme c'était la première fois que Dieudonné voyait la mer, il insista pour lui faire visiter un paquebot ; le chevalier le suivit sans résistance aucune ; mais, une fois à bord, Dumesnil lui déclara que leur passage était retenu sur le bâtiment et qu'ils partaient pour l'Amérique le lendemain, à six heures du matin.

Le chevalier l'écouta avec surprise, mais ne fit aucune objection à ce projet.

A Paris, un jour que son ami l'avait laissé seul, peut-être avec intention, le chevalier s'était rendu sournoisement rue de l'Université, à coup sûr pour revoir madame de la Graverie, peut-être pour lui pardonner.

Il lui avait été répondu par le concierge que, le lendemain du jour où lui-même n'était pas rentré, madame de la Graverie était partie et que l'on ignorait ce qu'elle était devenue.

Tous les efforts qu'avait faits M. de la Graverie pour découvrir le lieu de sa retraite, n'avaient abouti qu'à lui donner la certitude qu'elle avait quitté la France.

C'est alors seulement, lorsque le pauvre chevalier fut convaincu qu'il ne pouvait pas exercer vis-à-vis de sa femme la mansuétude dont il était prêt à lui donner des preuves, qu'il consentit à suivre son ami au Havre.

D'ailleurs, si Mathilde avait quitté la France, peut-être l'avait-elle quittée par le Havre, et, au Havre, peut-être un heureux hasard lui apprendrait-il de ses nouvelles.

Cependant, il faut le dire, le chevalier avait quelque peu perdu de sa confiance dans le destin, et il comptait médiocrement sur un hasard, surtout sur un hasard heureux.

Quant à quitter la France, il n'y fit aucune objection : Mathilde n'était plus en France.

Il s'établit donc dans sa cabine sans même demander à retourner à terre.

Le lendemain, avec la ponctualité américaine, le paquebot leva l'ancre et partit.

Pendant toute la traversée, le pauvre chevalier eut le mal de mer, ce qui fit qu'au lieu de penser à Mathilde, il ne pensa plus à rien ; si bien que le capitaine fut près de dire, comme ce prisonnier ennuyé de sa prison auquel on annonçait la torture :

— Bon ! cela fera toujours passer un instant.

On arriva à New-York.

Le bruit de la grande ville commerçante, les voyages aux environs, les promenades sur l'Hudson, la visite au Niagara firent passer trois mois d'une façon supportable.

Mais, au milieu de tout cela, il y avait de terribles secousses.

, De temps en temps, le chevalier rencontrait une femme qui, soit de visage, soit de tournure, ressemblait à Mathilde.

Alors, il quittait le bras de son ami, partait comme un trait et trottinait derrière la dame jusqu'à ce qu'il eût reconnu son erreur; l'erreur reconnue, là où il était, il s'affaissait soit sur un banc, soit sur une borne, soit même à terre, et il restait là jusqu'à ce que son ami l'y vînt chercher.

C'est pourquoi le capitaine résolut de le soustraire complétement à ces épreuves en l'éloignant de la civilisation.

Il remonta le Saint-Laurent jusqu'au lac Supérieur; il alla prendre le Mississipi à Chicago, le descendit jusqu'à Saint-Louis, remonta le Missouri jusqu'au fort Mandanne, et, là, trouvant une caravane qui suivait la rivière de la Pierre-Jaune pour traverser la sierra de los Membres, à Santa-Cruz, il descendit le rio Colorado jusqu'au golfe de Californie, saisissant cette occasion de faire voir au chevalier des pays nouveaux et surtout des femmes qu'il ne pût prendre, ni à leur visage, ni à leur tournure, pour madame de la Graverie.

A cette époque, la Californie appartenait encore

au Mexique, et, par conséquent, était encore un
désert. Le capitaine et son ami s'arrêtèrent dans
une baraque située où est aujourd'hui le théâtre de
San-Francisco, et qui, à cette époque, se mirait à
peu près solitaire dans la mer Vermeille.

Le chevalier avait fait toute cette longue route,
tantôt en bâteau, tantôt à mule, tantôt à cheval ;
ses anciennes craintes avaient disparu, et, sans être
devenu un cavalier de première force, il était arrivé
à être à peu près maître des différentes montures
qu'il avait essayées.

En outre, son ami, profitant de la rage où le
mettait le caquetage incessant de ces perroquets
verts que l'on rencontre par bandes, de Santa-Cruz
au golfe de Californie, et qui le tiraient de ses méditations, lui avait mis un fusil à la main et l'avait
peu à peu familiarisé avec l'usage de cette arme.

Le chevalier de la Graverie n'était pas devenu
un tireur de première force ; mais, enfin, à trente
pas et à coups posés, il était à peu près sûr de son
perroquet vert.

Pour varier les plaisirs, le capitaine substituait
de temps en temps le pistolet au fusil, et la balle au
petit-quatre. M. de la Graverie commença par
manquer les cent premiers perroquets qu'il tira ;
puis il en tua un, en manqua cinquante autres et
en retua un, n'en manqua plus que vingt-cinq,

plus que douze, puis plus que six. Enfin, il en arriva
à abattre un perroquet sur quatre.

Sa force au pistolet ne dépassa jamais cette
limite; mais le capitaine, qui abattait son perroquet
à tous les coups, mesura le progrès immense qu'a-
vait fait son ami et déclara être fort content.

Puis, sous prétexte que M. de la Graverie tendait à engraisser, il le contraignit à faire des armes.
Pour cet exercice, qui forçait le chevalier à sortir
de son apathie ordinaire, il fallut que le capitaine
exerçât toute sa force de volonté; mais le chevalier s'était habitué à obéir comme un enfant, et, de
troisième force au fusil, de quatrième force au pistolet, il se trouva être, sans s'en douter, de sixième
ou septième force à l'escrime.

Tout cela n'était pas bien effrayant comme offen-
sivité; mais, enfin, dans un cas donné, le chevalier
pouvait se défendre, chose dont il était complète-
ment incapable auparavant.

Mais le capitaine nourrissait un projet bien autrement audacieux : c'était de profiter du premier bâtiment qui partirait pour Taïti et de faire passer à
son ami une année dans ce paradis de la mer Pacifique, dans cette corbeille de la Polynésie.

L'occasion se présenta.

Le chevalier monta sur le pont sans demander
pour quel point du monde il allait faire voile.

Douze jours après, on débarqua à Papaéti.

Jusque-là, jamais le capitaine n'avait remarqué
que son ami eût fait la moindre attention au paysage; à peine si la cascade du Niagara avait pu
occuper un instant son attention; la seule marque
d'étonnement qu'il lui eût donnée avait été de se
boucher les oreilles en disant :

— Allons-nous-en ; j'en deviendrais sourd.

Il avait descendu le Mississipi et vu passer près
de lui ces colosses à trois étages qui semblent un
quartier de ville flottante, et il n'avait pas levé
les yeux jusqu'à leur sommet; il avait traversé des
forêts vierges, et, perdu au milieu d'elles, ne s'était
pas inquiété comment il retrouverait son chemin.
Il s'était égaré dans les prairies sans bornes, et
n'avait pas une seule fois interrogé l'horizon pour
savoir si elles allaient enfin finir.

Mais, en arrivant à Papaéti, il ne put s'empêcher de dire :

— A la bonne heure ! voilà un pays qui me
paraît agréable... Dumesnil, comment s'appelle-
t-il?

— Il a bien des noms, répondit le capitaine :
Quiros, qui l'a visité le premier, l'a nommé la
Sahittaria ; Bougainville, en véritable Français du
XVIIIe siècle, la Nouvelle-Cythère ; Cook, l'île des
Amis ; tu vois que tu as le choix des noms.

Le chevalier n'en demanda point davantage, c'était beaucoup.

Après avoir traversé une passe étroite de récifs, grâce au pilote indien qui était venu à bord, on jeta l'ancre dans une rade calme comme un lac.

Une foule d'embarcations kannaks vinrent chercher les passagers; ces embarcations, comme celles de la Nouvelle-Zélande, comme celles de l'île des Pins, comme celles des Sandwich, étaient faites d'un seul tronc d'arbre.

Le chevalier, en sautant dans l'embarcation, pensa la faire chavirer.

— Bon! dit-il sans être autrement ému, encore un peu, je me noyais.

— Comment! tu ne sais pas nager? demanda Dumesnil.

— Non, répondit simplement le chevalier; mais tu m'apprendras, n'est-ce pas, Dumesnil?

Dumesnil avait appris tant de choses au chevalier, que celui-ci ne doutait point qu'il ne lui apprît à nager, comme il lui avait appris à faire des armes, à monter à cheval, à tirer au fusil et au pistolet.

— Non, dit Dumesnil, je ne t'apprendrai pas à nager.

— Oh! fit Dieudonné étonné, et pourquoi cela?

— Parce qu'ici, ce sont les femmes qui sont maîtres nageurs.

Le chevalier rougit ; il trouvait la plaisanterie un peu légère.

— Regarde plutôt, dit Dumesnil.

Et, comme on approchait du bord, et qu'il était cinq heures du soir, il lui montra toute une troupe de femmes qui se récréait dans l'eau.

Le chevalier suivit des yeux l'indication du capitaine.

Alors, il vit un spectacle qui le captiva malgré lui.

Une douzaine de femmes, nues comme les néréides antiques, nageaient dans cette mer bleue qui permet de voir, à trente ou quarante pieds sous l'eau, cette merveilleuse végétation sous-marine qui, peu à peu, fait ces bancs de coraux qui entourent l'île.

Figurez-vous de gigantesques madrépores ayant la forme d'éponges immenses, chacun des trous de l'éponge étant un abîme sombre et béant où l'on voit fourmiller des poissons de toutes grosseurs, de toutes formes, de toutes couleurs, bleus, rouges, jaunes, dorés !

Puis, au milieu de tout cela, sans s'inquiéter des abîmes, des rochers, des requins que l'on voit de temps en temps passer rapides comme des flèches d'acier bruni, des femmes, des nymphes qui ne savent pas même de nom ce que c'est que la pudeur :

la langue du pays n'a pas de mot pour exprimer cette vertu toute chrétienne ; des femmes qui plongent, sans autres voiles que leurs longs cheveux, dans cette eau qui semble de l'air épaissi, tant elle est limpide, qui se tournent, se retournent, se pelotonnent de telle façon, que l'on sent que la mer est leur second élément, et qu'à peine elles ont besoin de revenir à la surface de l'eau pour respirer.

Le pauvre chevalier avait des éblouissements comme un homme ivre.

Il fallut que le capitaine le soutînt, quand il mit pied à terre.

Il alla s'asseoir avec lui sous un pandanus en fleurs.

— Eh bien , lui demanda Dumesnil, que penses-tu du pays, mon cher Dieudonné?

— C'est le paradis, répondit le chevalier.

Puis, avec un soupir :

— Oh ! si Mathilde était ici ! murmura-t-il.

Et ses yeux se perdirent , avec une impression de mélancolie que l'on eût cru complétement étrangère à cette rondelette figure, dans les profondeurs de l'immense horizon.

Le capitaine le laissa réfléchir sous son pandanus et prit langue avec les gens du pays; si doux que fût l'air, si caressante que fût la brise dans la baie de Papaéti, le capitaine ne comptait pas coucher à la belle étoile.

Puis il revint près de Dieudonné.

Il était six heures, c'est-à-dire l'heure où vient la nuit ; le soleil, pareil à un disque rouge, descendait rapidement dans la mer.

A Taïti, la journée a juste douze heures et la nuit douzes heures ; à quelque époque de l'année que l'on soit, le soleil se lève à six heures du matin et se couche à six heures du soir ; chacun, à ces deux moments de la journée, peut remettre sa montre avec autant de certitude à cette grande horloge céleste, que le faisaient autrefois les Parisiens à l'horloge du Palais-Royal.

Le capitaine toucha à l'épaule de Dieudonné du bout du doigt.

— Eh bien ? lui demanda le chevalier.

— Eh bien, c'est moi, dit le capitaine.

— Que veux-tu ?

— Dame ! je veux te demander ce que tu comptes faire.

Le chevalier regarda le capitaine avec des yeux étonnés.

— Ce que je compte faire ? répéta-il.

— Sans doute.

— Bon Dieu ! s'écria-t-il presque effrayé, est-ce que cela me regarde ?

— Sur la question de logement? oui; comptes-tu rester quelque temps ici?

— Le temps que tu voudras.

— Veux-tu vivre à l'européenne ou à la manière du pays?

— Peu m'importe.

— Loger à l'hôtel ou dans une case?

— Comme tu voudras.

— Soit, comme je voudrai; mais ne va pas te plaindre après.

— Est-ce que je me suis jamais plaint? demanda Dieudonné.

— C'est vrai, pauvre agneau du Seigneur! murmura le capitaine.

Puis, au chevalier :

— Eh bien, lui dit-il, reste là, dix minutes encore, à regarder se coucher le soleil, et je vais m'occuper de notre logement.

Dieudonné fit un signe de tête; il était triste toujours; mais il éprouvait une espèce de bien-être physique qu'il n'avait jamais ressenti.

Le soleil caché dans la mer, la nuit vint avec une rapidité presque magique.

Mais quelle nuit! ce n'étaient pas les ténèbres, c'était l'absence du jour.

Une atmosphère transparente comme notre plus beau crépuscule, une mer où chaque poisson faisait briller un rayon de feu, un ciel où chaque étoile semblait éclore comme une rose ou comme un bluet de flamme!

Le capitaine revint chercher Dieudonné.

— Oh! dit celui-ci, laisse-moi encore voir toutes ces belles choses.

— Ah! fit le capitaine joyeux, tu vois donc enfin?

— Oui; il me semble que, de ce soir seulement, je commence à vivre.

— Viens toujours, et tu verras tout cela de ta chambre.

— Par la fenêtre?

— Non, à travers les cloisons. Viens!

C'était la première fois que Dieudonné ne cédait pas à une première invitation.

Tous deux s'acheminèrent vers une maison.

Il y eut encore un progrès dans l'état du chevalier; car, lui qui était entré dans bien des maisons depuis sa sortie de la chambre du capitaine, sans y faire attention, fit attention à celle-ci.

Il est vrai qu'elle était remarquable.

Elle ne semblait pas, au premier abord, l'habitation d'un homme, mais la cage d'un oiseau.

Elle était à peu près carrée, arrondie par les deux extrémités, ce qui la faisait plus longue que large, et couverte avec des feuilles de pandanus disposées en tuiles.

On eût dit une espèce de grand treillage, comme celui qu'on applique aux murs de nos jardins pour y faire monter les vignes vierges et les volubilis.

La toiture était soutenue par des poteaux.

Elle se composait de solives recouvertes de nattes à dessins rouges et noirs ; un matelas de varech était jeté dans un coin, avec une grande pièce de toile blanche.

C'étaient le lit et les draps.

Au milieu de la chambre, était dressée une petite table chargée de fruits, de laitage et de pain.

Des mèches brûlaient dans de l'huile de noix de coco, contenue par des espèces de calebasses qui faisaient lampe.

A travers les parois à jour, on voyait le ciel, la mer, et, comme flottant entre ces deux infinis, un troupeau infini lui-même d'étoiles d'or.

— Eh bien, dit Dumesnil à Dieudonné, tu comprends que rien ne t'empêchera de voir au dehors.

— Oui, mon ami, répondit le chevalier, mais...

— Mais quoi ?

— Si rien ne m'empêche de voir au dehors, rien n'empêchera non plus que l'on ne me voie au dedans.

— Comptes-tu donc faire mal ? demanda Dumesnil.

— Dieu m'en garde ! répondit le chevalier.

— Eh bien, alors, qu'as-tu à craindre? dit Dumesnil.

— Au fait, qu'ai-je à craindre? répéta le chevalier.

— Absolument rien.

— Pas de serpents, pas de couleuvres, pas de rats?

— Pas un animal nuisible dans toute l'île!

— Ah! murmura le chevalier, Mathilde! Mathilde!

— Encore! dit Dumesnil.

— Non, mon ami, non! s'écria le chevalier; mais si elle était ici...

— Eh bien?

— Je ne retournerais jamais en France.

Le capitaine regarda son ami et soupira à son tour.

Mais, si fort qu'un soupir ressemble à un soupir, le soupir du chevalier ne ressemblait pas au soupir du capitaine.

Celui du premier était un soupir de tristesse.

Celui du second, un soupir de remords.

IX

— Mahaouni. —

Le chevalier se mit à table, mangea une goyave, deux ou trois bananes, un fruit rouge comme une fraise et gros comme une pomme de reinette et dont il ignorait le nom.

Puis il trempa, au lieu de pain, une racine de manioc dans une tasse de lait de coco ; après quoi, sur l'interrogation de son ami, — le chevalier ne parlait guère que s'il était interrogé — il déclara n'avoir jamais si bien dîné de sa vie.

Après le souper, le capitaine eut grand' peine à lui faire quitter ses habits pour se coucher. Ces murailles à claires-voies inquiétaient sa pudeur.

Il fallut que Dumesnil lui assurât qu'à dix heures du soir tout le monde était couché à Papaéti, pour qu'il se décidât.

Mais, quoique le capitaine lui affirmât que, dans cet Éden de la Polynésie, hommes et femmes couchaient nus, trouvant une volupté suprême à mettre leur chair en contact avec la brise veloutée de la nuit, il ne voulut jamais quitter sa chemise ni son caleçon.

Quand le capitaine l'eut couché comme c'était son habitude depuis trois ans, il se retira chez lui, c'est-à-dire dans le second compartiment de la case.

Les deux autres compartiments étaient occupés par la famille taïtienne qui avait fait bail au capitaine, et qui avait, à l'instant même, abandonné les deux chambres selon les conventions locatives.

Le chevalier ignorait ce détail ; il ne s'informait jamais de rien, et, la cloison qui le séparait de ses hôtes étant bien fermée, il n'avait pas même eu l'idée de demander ce qu'il y avait de l'autre côté de la cloison.

Ce qui tirait l'œil du chevalier, quand quelque chose lui tirait l'œil, c'était un de ces grands spectacles de la nature qui semblent faits pour servir de cadre à un sentiment profond. Et encore, nous l'avons dit, c'était depuis quelques heures seulement que le pauvre Dieudonné s'était souvenu qu'il avait des yeux.

Il se coucha donc, et, tout en marchant à reculons dans ses souvenirs, il regarda, à travers les ouvertures de la case, ce beau ciel, cette mer d'azur.

A quelques pas de la case, un oiseau chantait

invisible dans un buisson ; c'était le bulbul de
l'Océanie, l'oiseau d'amour ; le merveilleux toui,
qui ne veille que quand tout dort, qui ne chante
que quand tout se tait.

Le chevalier, appuyé sur son coude, le visage
collé à l'un des interstices de la case, écoutait et
regardait, inondé d'une indéfinissable atmosphère
de mélancolie et cependant de bien-être ; on eût dit
que le calme de cette nuit, la pureté de ce ciel,
l'harmonie de ce chant s'étaient matérialisés et
composaient un bain atmosphérique destiné par la
suprême Providence à délasser les membres fati-
guées et à dilater les cœurs souffrants.

Il sembla au chevalier qu'il respirait pour la première fois depuis trois ans.

Tout à coup, il crut entendre un léger pas d'enfant qui effleurerait l'herbe, et, dans l'ombre transparente, il vit apparaître la forme charmante d'une
jeune fille de quatorze à quinze ans, n'ayant pour
tout voile que ses longs cheveux, et pour toute parure que deux magnifiques fleurs d'une espèce de
lotus blanc et rose, qui flottent sur les ruisseaux et
dont les jeunes filles taïtiennes font leur parure favorite en les passant en guise de girandoles dans
les cartilages de leurs oreilles.

La jeune fille traînait paresseusement une natte
derrière elle.

A dix pas de la case, sous un oranger, en face du buisson où chantait le toui, elle étendit cette natte et se coucha dessus.

Le chevalier ne savait s'il rêvait ou veillait, s'il devait rester les yeux ouverts ou fermer les yeux.

Jamais statue n'était sortie plus parfaite des mains d'un statuaire; seulement, au lieu d'être un pâle marbre de Carrare ou de Paros, elle semblait être en bronze florentin.

Pendant quelques instants, elle s'amusa à écouter le chant du toui, secouant de temps en temps, par un mouvement d'épaule, l'oranger contre lequel elle était appuyée et qui faisait pleuvoir sur elle la neige odorante de ses fleurs.

Puis, sans autre couverture que ses longs cheveux, dont elle se voila, au reste, presque entièrement, elle s'affaissa peu à peu et s'endormit, la tête sous son bras, comme fait un oiseau sous son aile.

Le chevalier fut plus longtemps à s'endormir et n'y parvint qu'en se retournant du côté de la cloison et en opposant, comme un bouclier, le nom de Mathilde à ce qu'il avait vu.

Le lendemain, le capitaine, en entrant dans la chambre de son ami, le trouva non-seulement éveillé, mais debout, quoiqu'il fût à peine six heures du matin. Le chevalier se plaignit d'avoir mal dormi ; Dumesnil lui proposa, pour se remettre, une promenade que celui-ci accepta.

Au moment où ils allaient sortir, la porte de la cloison s'ouvrit et une jeune fille parut.

Elle venait demander aux deux amis s'ils n'avaient besoin de rien.

Dieudonné reconnut sa belle dormeuse de la nuit passée, et rougit jusqu'aux oreilles.

Seulement, elle avait son costume de jour.

On sait ce qu'était son costume de nuit.

Le costume de jour se composait d'une longue robe blanche, toute droite, ouverte par devant, et non arrêtée au cou : sur cette robe était roulée autour des hanches une pièce de foulard fond bleu avec de grosses fleurs roses et jaunes.

Les bras, les pieds et les jambes étaient nus.

Tout en rougissant, le chevalier la regarda plus en détail qu'il n'avait osé le faire la nuit précédente.

C'était une enfant de quatorze ans, comme nous l'avons dit ; seulement, à Taïti, une enfant de quatorze ans est une femme. Elle était petite de taille comme sont d'habitude les Taïtiennes, mais admirablement faite dans sa petite taille ; sa peau était de la couleur du plus beau cuivre ; elle avait les cheveux longs, nous le savons déjà, mais soyeux

et noirs comme l'aile d'un corbeau, les yeux bien
fendus, veloutés, ombragés par de longs cils noirs,
les narines béantes et dilatées comme les narines
indiennes destinées à respirer le danger, le plaisir
et l'amour, les pommettes saillantes, le nez un
peu aplati, la lèvre ronde et sensuelle, les dents
blanches comme des perles, les mains petites,
fines, délicates, la taille flexible comme un roseau.

Le capitaine remercia la jeune Taïtienne, apprit
à son ami que c'était la fille de leur hôtesse, et
annonça qu'il reviendrait sur les neuf heures
seulement.

L'enfant parut très-bien comprendre tout ce
qu'on lui disait, et le capitaine, ayant parlé, sembla
attendre que son ami en fît autant : mais Dieudonné n'eut garde. Il s'écarta pour ne pas toucher
la pièce de foulard que l'enfant portait en écharpe,
et passa devant elle en la saluant comme il eût
fait d'une Parisienne sur le boulevard des Capu-
cines.

Après quoi, il entraîna rapidement son ami.

Il était évident que la jeune fille lui inspirait
une espèce de terreur.

Le capitaine n'en fut point étonné; il connais-
sait la sauvagerie du chevalier à l'endroit des
femmes; mais il ne croyait pas que son ami traite-
rait une Taïtienne absolument comme une femme.

Aussi, désignant la jeune fille qui les regardait
s'éloigner d'un air triste :

— Pourquoi n'as-tu rien dit à Mahaouni ? demanda-t-il au chevalier ; cela l'a affligée.

— Elle s'appelle Mahaouni ? demanda le chevalier.

— Oui. Un joli nom, n'est-ce pas ?

Dieudonné ne répondit point.

— As-tu quelque chose contre cette jeune
fille ? Nous changerons de case, dit le capitaine.

— Non ! non ! répondit vivement Dieudonné.

Et ils continuèrent leur route, Dumesnil abat-
tant comme Tarquin la tête des herbes trop hautes,
en faisant siffler son bambou.

Dieudonné le suivait en silence.

Il est vrai que ce silence était tellement dans les
habitudes du chevalier, que, si le capitaine le remarqua, au moins ne s'en inquiéta-t-il point.

Cette première promenade suffit à faire reconnaître aux deux amis que, comme végétation, du
moins, le pays qu'ils parcouraient était une merveille.

La ville avait tout à la fois un aspect naïf
et charmant ; toute capitale qu'elle avait l'honneur d'être, c'était plutôt, d'aspect, un immense
village qu'une ville, chaque case ayant son jardin
sous les arbres, à l'ombre desquels elle semblait

comme ensevelie ; puis, peu à peu, lorsqu'on avait atteint l'extrémité des maisons et que les sentiers succédaient aux rues, c'était une suite de berceaux des arbres les plus beaux de forme, les plus riches de fleurs, les plus abondants de fruits ; des allées sablées de sable fin, avec des voûtes de bananiers, de cocotiers, de goyaviers, de papayers, d'orangers, de citronniers, de pandanus, au milieu desquels s'élève l'arbre de fer avec son bois rouge et son branchage qui semble une gigantesque asperge montée en graine.

Puis, circulant au milieu de ces arbres, un air embaumé, des oiseaux aux mille couleurs, des bruits charmants de voix de femmes et d'oiseaux, un royaume de fées qu'on pourrait appeler l'île des fleurs et des parfums.

Au bout d'une heure de marche dans les tours et les détours d'une espèce de jardin anglais, le capitaine s'arrêta ; un caquetage dont il ne pouvait se rendre compte arrivait jusqu'à lui ; il quitta le sentier, fit une cinquantaine de pas à travers les arbres, écarta les feuilles comme on fait d'un rideau que l'on soulève, et resta immobile, muet, émerveillé.

Dieudonné l'avait suivi des yeux ; quand il était avec le capitaine, sa force de volonté semblait être passée dans son ami ; il lui obéissait comme le corps obéit à l'âme, il le suivait comme l'ombre suit le corps.

Le capitaine, sans parler, faisait signe à Dieudonné de le venir joindre.

Dieudonné s'avança machinalement et regarda avec distraction.

Mais la distraction ne fut pas longue; le spectacle qu'il avait sous les yeux eût attiré l'attention du Distrait de Destouches lui-même.

La charmille à travers laquelle regardaient le capitaine et le chevalier, bordait la rivière.

Dans la rivière, faisant cercle comme dans un salon, étaient assises ou couchées une trentaine de femmes parfaitement nues.

Comme la rivière avait deux pieds d'eau à peine, celles qui étaient assises n'avaient que le bas du corps perdu dans cette eau, si limpide, qu'elle n'était pas même un voile, tandis que les autres, qui étaient couchées, n'avaient que la tête hors de l'eau.

Toutes avaient les cheveux dénoués, toutes aspiraient voluptueusement l'air du matin en se faisant des couronnes, des boucles d'oreilles et des colliers de fleurs.

Les nénufars, les roses de Chine et les gardanias étaient largement mis à contribution pour cette toilette.

Comme si ces merveilleuses créatures comprenaient qu'elles ne sont elles-mêmes que des fleurs
vivantes, leur grande sympathie est pour les fleurs,
leurs sœurs inanimées ; nées sur des fleurs, elles
vivent au milieu des fleurs et sont ensevelies sous
des fleurs.

Et, tout en mettant ces couronnes sur leurs
têtes, tout en passant ces colliers à leur cou, tout
en glissant ces fleurs à leurs oreilles, tout cela causait, bavardait, babillait comme une volée d'oiseaux
d'eau douce, qui, abattue sur un lac, gazouillerait
à qui mieux mieux.

— Mon ami, dit le chevalier, en montrant du
doigt une des femmes, la voilà !

— Qui ? demanda le capitaine.

Le chevalier rougit ; il avait reconnu la belle
dormeuse de la nuit passée, la charmante hôtesse du
matin ; il oubliait qu'il n'avait rien dit au capitaine
du songe qu'il avait fait, et il lui montrait la
belle Mahaouni.

Le capitaine, qui n'avait pas les mêmes motifs
que le chevalier de l'avoir remarquée, répéta son
interrogation.

— Qui ? demanda-t-il une seconde fois.

— Personne, dit le chevalier en se retirant en
arrière.

On eût dit que cette retraite du chevalier était

le signal auquel la séance aquatique devait être levée.

En une minute, les trente baigneuses furent sur pied.

Elles remontèrent sur une petite île de gazon où étaient étendus leurs vêtements, laissèrent un instant l'eau ruisseler sur leurs beaux corps, comme sur autant de statues de bronze ; puis l'eau sécha peu à peu, les gouttes devinrent plus rares, on eût pu compter les perles qui coulaient du front sur les joues et des joues sur le sein ; enfin, chacune tordit ses cheveux comme Vénus Astarté sortant de la mer, revêtit sa robe, serra son *parer* sur ses hanches, et reprit paresseusement le chemin de sa maison.

Le capitaine fit remarquer à son ami que c'était l'heure du déjeuner ; il alluma son cigare, offrit par habitude à Dieudonné de partager cette jouissance avec lui, offre que Dieudonné refusa, — les chanoinesses au milieu desquelles il avait été élevé ayant le tabac en horreur, — et l'on reprit le chemin de la case.

Soit hasard, soit habitude d'orientation, le capitaine prit le plus court, de sorte que l'on rejoignit sur la route la belle Mahaouni, qui, elle, par nonchalance, avait pris le plus long.

En voyant les deux amis, elle s'arrêta au bord

du chemin, cambrée sur une de ses hanches, dans une de ces poses que les femmes prennent toutes seules, et qu'un peintre jamais n'obtiendrait de son modèle.

Puis, friande de cette volupté du cigare que méprisait Dieudonné :

— *Ma ava ava iti*, dit-elle au capitaine.

Ce qui, en langue taïtienne, signifiait : « A moi cigare, petit. »

Le capitaine ne comprit pas les paroles ; mais, comme la jeune fille fit le simulacre d'aspirer et de rejeter la fumée, il comprit le geste.

Il tira un cigare de sa poche et le lui donna.

— *Nar, nar*, dit-elle en repoussant le cigare vierge, et en montrant celui qui se consumait à la bouche du capitaine.

Dumesnil comprit que c'était le cigare allumé que voulait la capricieuse enfant.

Il le lui donna.

La Taïtienne en tira rapidement deux bouffées, qu'elle expectora aussitôt.

Puis elle en aspira une troisième qu'elle fit la plus copieuse possible.

Après quoi, elle salua coquettement l'officier et s'en alla, la tête renversée en arrière et faisant des ronds avec la fumée qu'elle emportait dans sa bouche, et qu'elle poussait verticalement en l'air.

Tout cela accompagné de ces mouvements de hanches dont le capitaine avait cru jusque-là que les Espagnoles seules avaient le secret.

Dumesnil jeta un regard de côté sur son ami, qui marchait les yeux baissés et murmurait tout bas un nom.

Ce nom, c'était celui de Mathilde.

Seulement, Dumesnil remarqua, avec une certaine satisfaction, que Dieudonné en était arrivé à prononcer tout bas le nom qu'autrefois il prononçait tout haut.

Lorsqu'elle eut poussé sa dernière bouffée de fumée, la jeune fille détacha son parer de ses hanches, l'étendit sur sa tête de toute la largeur de ses deux bras, et disparut à l'angle d'un bois de citronniers.

On eût dit un papillon qui s'envolait.

En arrivant à la case, les deux amis trouvèrent leur table servie.

C'était, comme la veille, une tranche du fruit de l'arbre à pain, une racine de manioc cuite sous la cendre, des fruits de toutes sortes, du lait et du beurre.

Personne n'était là; on eût cru la table servie par la main des fées.

Mais il paraît que c'était l'heure du repas de l'hôtesse en même temps que l'heure de celui des hôtes ; car Dieudonné, qui était assis de manière à voir les parois de la cabane, aperçut la jeune fille qui, se haussant sur la pointe des pieds, détachait un petit panier attaché aux premières branches d'un gardania et, s'asseyant le dos appuyé au tronc de l'arbre, commençait d'en tirer son déjeuner.

Ce déjeuner consistait en une demi-douzaine de figues, en un quartier d'un fruit ressemblant au melon, en un morceau de poisson cuit sous la cendre dans une feuille de bananier, et en une tranche du fruit de l'arbre à pain.

Le chevalier oubliait de manger en regardant manger Mahaouni.

Dumesnil s'aperçut de la distraction de son convive ; il tourna la tête et vit la jeune fille qui déjeunait sans penser à eux.

— Ah ! dit le capitaine, tu regardais notre hôtesse.

Le chevalier rougit.

— Oui, dit-il.

— Veux-tu que je lui dise de venir déjeuner avec nous ?

— Oh ! non, non, fit le chevalier ; je pensais seulement que l'on est bien et fraîchement sous ces arbres.

— Veux-tu que nous allions déjeuner avec elle ?

— Mais non, mais non, dit le chevalier, nous

sommes bien ici ; seulement, changeons de place :
le soleil me fatigue la vue.

Le capitaine secoua la tête. Il était évident qu'il
devinait quel soleil éblouissait le chevalier.

Il changea de place sans observation aucune.

Après le déjeuner, le chevalier demanda :

— Qu'allons-nous faire ?

— Mais, répondit le capitaine, ce que l'on fait
ici après le déjeuner, la sieste.

— Oh ! dit le chevalier, en effet, j'ai fort mal
dormi cette nuit, et je me sens tout brisé.

— La sieste te remettra.

— Je le crois.

Et tous deux sortirent pour trouver un endroit
convenable, la sieste en plein air étant bien plus
agréable que la sieste dans les cases, si bien aérées
qu'elles soient.

Seulement, le chevalier désirait ne pas être dé-
rangé pendant son sommeil.

Le capitaine lui indiqua le jardin de leur case
comme étant l'endroit le plus sûr.

Tous deux le parcoururent, cherchant une place
qui leur convînt.

Le chevalier s'arrêta à une couche moelleuse
de gazon ombragé par les branches d'un gardania
qui, retombant jusqu'à terre, formaient comme une
tente.

Une source d'eau fraîche et pure, sortant d'entre les racines du gardania, rendait légèrement humide ce gazon qui attirait le chevalier.

Dumesnil s'était précautionné d'une immense natte, plus occupé qu'il était que son ami des choses matérielles ; il étendit la natte sur le gazon tout emperlé.

— Reste ici, dit-il, puisque l'endroit te plaît ; je trouverai bien quelque autre place où l'ombre soit aussi épaisse et le gazon plus sec.

Dieudonné répliquait rarement lorsque son ami avait décidé une chose : il étendit la natte, sur laquelle on eût pu coucher quatre personnes, veilla à ce que aucun caillou ne lui fît faire saillie, s'aperçut seulement alors de sa grandeur et se retourna pour dire au capitaine qu'il lui semblait qu'il y avait largement place pour deux.

Mais le capitaine avait déjà disparu.

Le chevalier résolut alors d'user de la natte à lui tout seul. Il ôta sa redingote, qu'il roula en tampon et dont il fit un coussin pour sa tête, regarda quelque temps les efforts inutiles que faisait le soleil pour pénétrer à travers les branches du gardania, suivit des yeux les évolutions de deux oiseaux qui semblaient taillés dans le même saphir, ferma les yeux, les rouvrit, les referma encore, soupira et s'endormit.

XII

— Comment le chevalier de la Graverie apprit
à nager. —

Ce n'était pas un refuge bien assuré que le sommeil contre les rêves que, depuis la veille, le chevalier faisait tout éveillé.

Aussi, son sommeil fut-il des plus agités.

D'abord, il revit les belles nageuses de la veille ;
seulement, comme les sirènes du cap Circé, elles
se terminaient en poisson et tenaient à la main
l'une une lyre, l'autre un cyste, toutes un instru-
ment quelconque, avec lequel elles accompagnaient
une voix ravissante et pleine de promesses d'amour ;
mais le chevalier, bercé dans les traditions mythologiques du XVIIIᵉ siècle, et sachant le danger d'un
pareil concert, détournait la tête et, comme Ulysse,
se bouchait les oreilles. Puis il abordait à terre ;
où ? il n'en savait rien ; sans doute à Thèbes ou à
Memphis ; car, sur sa route, à droite et à gauche,
sur des piédestaux de marbre, il voyait accroupis
ces monstres à corps de lion, mais à poitrine et à

tête de femme, symbole de Neith, la déesse de la
Sagesse, et que l'antiquité a baptisés du nom de
sphinx : seulement, ces sphinx, au lieu d'être de
marbre comme leurs piédestaux, étaient vivants,
quoique enchaînés à leur place ; leurs yeux s'ou-
vraient et se fermaient, leurs poitrines se levaient
et s'abaissaient, et il semblait au chevalier qu'ils le
couvraient d'un regard d'amour ; enfin, avec un
effort, l'un d'eux leva la patte et l'étendit vers le
chevalier, qui, pour éviter l'attouchement, fit un
bond de l'autre côté ; mais un second sphinx leva la
patte à son tour ; ce que voyant les autres sphinx,
ils en firent autant.

Et, cependant, il était évident que les monstres
égyptiens—la douceur de leur regard et l'agitation
de leur poitrine en faisaient foi—n'avaient pas de
mauvaises intentions contre le chevalier.

Au contraire.

Mais le chevalier semblait plus craindre la bien-
veillance des monstres que leur haine.

Il cherchait où fuir et comment fuir.

Ce n'était pas chose facile, les piédestaux s'étaient
mis en mouvement, comme mus par une grande
machine, et il se trouvait complétement enveloppé.

En ce moment, il sembla au chevalier qu'il se
formait près de lui un nuage ayant la forme de ces
gloires sur lesquelles descendent, au théâtre, les

princesses endormies. Ce nuage semblait n'attendre que l'instant où le chevalier serait couché dessus pour quitter la terre.

Et, comme les yeux des monstres devenaient de plus en plus tendres, comme leurs seins devenaient de plus en plus palpitants, comme leurs griffes effleuraient presque le collet de son habit, le chevalier n'hésita plus : il se coucha sur son nuage et s'envola avec lui.

Mais alors il parut au pauvre Dieudonné que le nuage s'animait, que ses flocons n'étaient rien autre chose qu'une robe de gaze ; que la partie solide sur laquelle il s'appuyait était un corps ; que ce corps, comme celui d'Iris, la messagère des dieux et qui traversait l'espace comme elle, était celui d'une belle jeune fille, aux membres arrondis, aux chairs palpitantes, à l'haleine enflammée.

Elle avait sauvé le chevalier, mais pour elle ; elle l'emportait, mais dans sa grotte ; elle le couchait sur un lit de sable fin, mais elle se couchait à ses côtés ; et, comme si son haleine devait faire passer dans la poitrine terrestre le feu qui brûlait dans sa poitrine divine, la belle messagère semblait lui souffler le feu de son cœur sur les lèvres.

La sensation fut si vive, que le chevalier poussa un cri et se réveilla.

Il ne rêvait qu'à moitié.

Mahaouni était couchée près de lui, et c'était le souffle de la jeune Taïtienne qui le brûlait.

Comme le chevalier, Mahaouni, après son déjeuner, avait cherché un endroit où faire sa sieste.

Elle avait aperçu le chevalier endormi dans le plus charmant endroit du jardin et couché sur une natte trois fois trop grande pour une personne seule : elle n'avait vu aucun mal, la charmante fille de la nature, à lui emprunter, pour une heure ou deux, la portion de natte dont il ne se servait pas.

Et, sur cette portion de natte, elle s'était endormie sans plus mauvaise idée qu'un enfant près de sa mère.

Seulement, pendant son sommeil, agitée, elle aussi, sans doute par quelque songe, son bras s'était étendu, sa poitrine s'était gonflée et son souffle de flamme était venu brûler les lèvres du chevalier.

Elle dormait toujours.

Le chevalier détacha délicatement le bras de la jeune fille, qui s'était enlacé à son épaule, s'éloigna avec toutes les précautions du monde, se dressa avec peine sur ses pieds, et, une fois sur ses pieds, se mit à courir sans trop savoir où il allait, abandonnant sa redingote, qu'il avait mise bas, pour

servir d'oreiller à lui-même, et qui, pour le moment, servait d'oreiller à Mahaouni.

Le chevalier se sauvait du côté de la mer, et il
ne s'arrêta que lorsque celle-ci lui fit obstacle.

· Il était à peu près une heure de l'après-midi,
c'est-à-dire que le soleil, à son·zénith, embrasait
le ciel et, par contre-coup, la terre.

Le chevalier songea quelle douce jouissance,
quelle suave volupté doivent éprouver les nageurs
qui, comme les poissons ou les femmes taïtiennes,
peuvent glisser entre deux eaux. Ce fut alors qu'il
regretta presque douloureusement de ne pas avoir
étudié cette partie indispensable de l'éducation
d'un homme.

Mais, sans savoir nager, il pouvait néanmoins
jouir de la fraîcheur de l'eau ; il avait remarqué,
dans les anfractuosités du rivage, des grottes naturelles où la mer formait des espèces de bai-
gnoires.

Là se trouvaient les deux délices qu'il cherchait,
l'ombre et la fraîcheur.

Le chevalier résolut de se les procurer.

Il descendit le long du rivage, opération qui ne
fut pas sans difficulté, la marée étant basse, et,
comme s'il eût eu à la main la baguette d'une fée
pour exaucer ses désirs, il trouva une grotte qui
semblait taillée sur le modèle de celle de Calypso.

Il regarda de tous côtés si la grotte n'était point habitée.

· La grotte était parfaitement solitaire.

Le chevalier pensa donc que sa pudeur ne courait aucun risque; il dévêtit les unes après les autres chaque pièce de son costume, posa le tout dans une grotte en miniature placée près de la grande, et, tâtant le sol du pied, il pénétra sous l'arcade décrite par le rocher.

A l'endroit le plus profond, à peine le chevalier trouva-t-il trois pieds d'eau.

Cette eau tiède, mais rafraîchie par l'ombre que le rocher répandait au-dessus d'elle, lui fit éprouver une des plus délicieuses sensations qu'il eût jamais ressenties.

Il se demanda comment un homme pouvait ne pas savoir nager.

Mais il se répondit que, pour apprendre à nager, il fallait se montrer à peu près nu à d'autres hommes, et Dieudonné, grâce aux chanoinesses, avait été élevé dans de telles idées de pudeur, qu'il frissonnait rien qu'à cette idée d'apprendre à nager avec Dumesnil, qui cependant était son meilleur ami.

Il avait, par bonheur, découvert cette grotte; il n'en parlerait à personne et y passerait une partie de ses journées, les sensations de bien-être qu'il y éprouvait étant telles, qu'elles pouvaient lui tenir lieu de toute récréation.

Il est évident que l'esprit lui-même ne demande aucune distraction quand le bien-être matériel est tel, que l'homme n'a pas trop de toutes ses facultés physiques et intellectuelles pour l'apprécier.

Le chevalier resta ainsi une heure ou deux plongé dans une béatitude qui ne lui permettait pas même de mesurer le temps.

Tout à coup, il fut tiré de cette espèce d'extase par le bruit d'un corps pesant qui tombait dans l'eau.

Il avait vu vaguement passer quelque chose dans l'air, mais il lui était impossible de dire quoi.

Au bout d'un instant, il vit reparaître une tête rieuse à la surface de la mer.

C'était celle de Mahaouni.

Elle prononça quelques mots qui semblaient un appel à ses compagnes.

L'appel ne fut pas vain.

Un corps traversa l'espace, passant avec la rapidité de l'éclair, et s'enfonça dans l'eau avec le même bruit que le chevalier avait déjà entendu.

Puis un troisième, puis un quatrième, puis dix, puis vingt.

C'étaient toutes les belles paresseuses que le chevalier avait vues le matin prenant un bain de rivière, et qui, pour varier leurs plaisirs, prenaient un bain de mer.

Toutes les têtes reparurent les unes après les autres; puis ces filles d'Amphitrite, comme eût dit un poëte grec, se livrèrent à leur amusement favori, la natation.

Dieudonné les voyait; mais elles ne pouvaient le voir, caché qu'il était dans l'ombre de sa grotte.

Une seconde heure se passa, que le chevalier, nous devons l'avouer, ne trouva pas plus longue que la première.

Ajoutons même qu'il portait une telle attention au spectacle qu'il avait sous les yeux, qu'il ne s'aperçut que l'eau augmentait que lorsqu'il eut de l'eau jusque sous les aisselles.

C'était tout simplement la marée qui montait.

Dieudonné n'avait pas songé à ce phénomène, et n'éprouva une inquiétude réelle qu'en voyant flotter ses vêtements à la surface de l'eau.

La grotte où le chevalier les avait déposés étant plus basse que l'autre, la mer y avait pénétré d'abord, et avait enlevé les habits du chevalier.

En voyant ses hardes se balancer sur les flots, le chevalier voulut crier; mais c'était indiquer sa présence aux femmes : il n'osa.

Si, au moins, il eût eu sur le dos ses habits qui
s'en allaient flottants, il n'eût point hésité à paraître habillé devant elles; car elles ne lui paraissaient pas des déesses à le punir à la manière
d'Actéon.

Mais, s'il eût été habillé, il n'eût eu aucun motif
d'appeler.

Le chevalier se trompait, car sa situation devenait grave.

L'eau qui atteignait sa ceinture à peine lorsqu'il
était entré dans la grotte, et qui avait peu à peu
monté jusqu'à ses aisselles, atteignait maintenant
son menton.

Il est vrai qu'en se reculant de quelques pas, il
pouvait gagner un pied.

Mais le chevalier commençait à comprendre sa
situation.

Le flux arrivait.

Et, regardant autour de lui, il pouvait voir à
quelle hauteur l'eau montait dans la grotte.

A marée pleine, il aurait quatre pieds d'eau par-
dessus la tête.

Le chevalier faillit s'évanouir; une sueur froide
glaça ses cheveux.

En ce moment, les nageuses jetaient de grands
cris; elles venaient d'apercevoir ses vêtements.

Comme elles ne savaient pas ce que ces vêtements voulaient dire, elles nagèrent toutes vers la grotte.

Mais, au lieu de les appeler à son aide, Dieu-donné, plein de honte, recula tant qu'il put re-culer.

Les jeunes femmes prirent, l'une le gilet, l'autre le pantalon, l'autre la chemise, tout en ayant l'air de se demander comment ces habits se trou-vaient là.

Il n'y avait point à s'y tromper, c'étaient des habits d'Européen.

Le chevalier avait bonne envie de leur rede-mander ses habits ; mais, quand il les leur aurait redemandés, qu'en ferait-il, mouillés comme ils l'étaient ?

C'était un paquet à sauver avec lui, et il n'avait déjà plus de chances de se sauver tout seul.

L'eau montait incessamment.

Le chevalier sentait que, dans dix minutes, il aurait de l'eau par-dessus la tête.

Une vague qui arriva plus haute que les autres lui couvrit le visage d'écume.

Le chevalier instinctivement jeta un cri.

Ce cri, les nageuses l'entendirent.

Une seconde vague suivit la première.

Dieudonné pensa au capitaine, et, comme si celui-ci eût pu entendre, il cria :

— A moi, Dumesnil! au secours! au secours!

Les nageuses ne comprirent point ces paroles; mais il y avait, dans la façon dont elles étaient prononcées, un tel accent de détresse, qu'elles devinèrent que celui qui avait jeté ce cri était en danger de mort.

Le cri venait évidemment de la grotte.

Une d'elles y pénétra, nageant entre deux eaux.

Tout à coup, le chevalier vit, à deux pas devant lui, se dresser une tête.

C'était celle de Mahaouni.

Elle devina, au visage décomposé du chevalier, la situation où il se trouvait.

Elle fit un cri d'appel; toutes ses compagnes accoururent.

Le chevalier se trouvait juste dans la situation de Virginie sur le pont du *Saint-Géran* : — sauvée, si elle voulait accepter le secours du matelot nu qui s'engageait à la porter au rivage; perdue, si elle refusait.

Les Taïtiennes faisaient entendre par leurs gestes, et essayaient de faire entendre par leurs paroles, à Dieudonné qu'il n'avait qu'à s'appuyer sur elles et qu'elles le porteraient à terre.

Deux d'entre elles, étroitement entrelacées, formaient une espèce de radeau sur lequel il pourrait s'étendre, tandis que, de la main gauche et de la droite, il se soutiendrait sur les épaules des deux nageuses.

Rendons au chevalier cette justice, qu'il hésita un instant, qu'un instant il eut la chaste pensée de mourir comme la vierge de l'île de France.

Mais l'amour de la vie l'emporta. Il ferma les yeux, s'étendit sur le radeau mobile, appuya ses mains sur les rondes épaules des belles nymphes et se laissa aller.

Murmura-t-il le nom de Mathilde?

Nous n'étions pas là pour l'entendre, et nous n'en répondrions pas.

Trois ou quatre mois après cet événement, dont Dieudonné s'était bien gardé de parler au capitaine, chassant des oiseaux de mer avec son ami, Dieudonné, en se penchant imprudemment hors du bateau, tomba à la mer.

Le capitaine poussa un cri terrible, jeta rapidement bas sa veste et son gilet pour s'élancer après Dieudonné.

Mais, au moment où il allait accomplir cet acte de dévouement, il vit, à sa grande stupéfaction, le chevalier qui remontait à la surface de la mer, à l'aide d'un vigoureux coup de pied donné dans l'eau, et qui, arrivé à cette surface, faisait sa brassée, non pas comme un caleçon rouge, mais comme un honnête caleçon bleu.

Dumesnil fut si étourdi de ce qu'il voyait, qu'il en resta non-seulement muet, mais immobile.

— Eh bien, dit Dieudonné, donne-moi donc la main pour m'aider à remonter dans la barque!

Dumesnil lui donna la main; le chevalier remonta.

— Mais où diable as-tu donc appris à nager? lui demanda Dumesnil.

Dieudonné devint rouge jusqu'aux oreilles.

— Ah! sournois! dit le capitaine.

Puis, éclatant de rire :

— Eh bien, conviens, ajouta-t-il, que ce sont là des maîtres nageurs qui valent ceux de Deligny.

Dieudonné ne répondit point; mais l'habileté avec laquelle il s'était tiré du danger prouvait que le capitaine avait raison.

FIN DU PREMIER VOLUME.

TABLE DES CHAPITRES.

—

FIN DE LA TABLE.

OUVRAGES PARUS OU A PARAITRE :

BRUXELLES. — TYP. DE J. VANBUGGENHOUDT, RUE DE SCHAERBEEK, 12.

www.ingramcontent.com/pod-product-compliance
Lightning Source LLC
Chambersburg PA
CBHW070409090426
42733CB00009B/1597